LEITFADEN DER RECHTSWISSENSCHAFT
BAND 11

VERWALTUNGSRECHT

VON

KURT EGON VON TUREGG

BERLIN 1949

WALTER DE GRUYTER & CO.
vorm. G. J. Göschen'sche Verlagshandlung — J. Guttentag, Verlagsbuchhandlung
Georg Reimer — Carl J. Trübner-Veit & Comp.

Archiv Nr. 231549/11

Vorwort.

Der Leitfaden will in erster Linie dem Studenten einen Überblick über die wichtigsten Gegenstände des Verwaltungsrechts verschaffen. Er soll eine Hilfe für die akademische Vorlesung sein, nicht aber sie ersetzen.

Sodann möchte er demjenigen, der beruflich in der Verwaltungsarbeit steht, zu einer Übersicht über den gesamten Umkreis der Verwaltung verhelfen. Die moderne Verwaltung ist in ähnlicher Weise wie die moderne Wirtschaft in zahllose Spezialgebiete aufgespalten. Dem auf einem solchen Spezialgebiet Arbeitenden sagt eine gedrängte Darstellung des Ganzen, an welchem Platz er sich befindet.

Wenn diese Ziele wenigstens annähernd erreicht werden sollen, muß jedes Eindringen in Einzelheiten vermieden werden. Angesichts der seit 1945 beginnenden verschiedenen Entwicklung in den einzelnen deutschen Gebieten ist es noch nicht einmal möglich, die allgemeinen Fragen in einer für alle diese Gebiete erschöpfenden Weise darzustellen. Der wissenschaftliche Fachmann wird in dem Leitfaden daher wenig für ihn Neues finden.

Bei aller Verschiedenheit in der praktischen Fortentwicklung kann aber vielleicht doch ein Blick auf das immer noch vorhandene Gemeinsame das Gefühl für die Notwendigkeit stärken, wenigstens die bisher für das ganze deutsche Gebiet geltenden verwaltungsrechtlichen Grundsätze zu erhalten oder gemeinsam neu zu gestalten.

Dem Wesen eines Leitfadens entsprechend ist auf die Mitteilung des Schrifttums und seiner Ansichten — mit ganz geringfügigen Ausnahmen — verzichtet. Die Darstellung gibt im wesentlichen den auch in Gerichtsentscheidungen enthaltenen Standpunkt der Praxis wieder. Abweichungen hiervon sind besonders kenntlich gemacht.

Eine eingehendere Schilderung des gegenwärtig geltenden Verwaltungsrechts unter Berücksichtigung der nach Zonen und Ländern verschiedenen Entwicklung wird der in Kürze im gleichen Verlage erscheinende Grundriß des Verwaltungsrechts bringen.

Dr. jur. habil. Fhr. v. TUREGG
Landgerichtsdirektor.

Inhalt.

I. TEIL: ALLGEMEINE LEHREN

II. TEIL: EINZELNE SACHGEBIETE

ERSTER TEIL:
ALLGEMEINE LEHREN

1. Kapitel
Begriff der Verwaltung

1. Verfassung und Verwaltung.

Jede vernünftige menschliche Handlung zerfällt in Planen und Durchführung. Genau wie der einzelne Mensch verhalten sich menschliche Gemeinschaften. Auch ihre Existenz ist davon abhängig, daß sie bestimmte Entschlüsse fassen und diese dann in der Wirklichkeit durchführen.

Zu den wichtigsten menschlichen Gemeinschaften gehört der Staat. Bei ihm geschieht die Entschlußfassung oder Willensbildung durch das Aufstellen bestimmter Grundsätze. Der Weg, der zu ihnen führt, kann voller Unruhe sein. Wenn sie jedoch einmal geschaffen sind, stellen sie im Staat das ruhende, statische Moment dar.

Verfassung ist ein besonders feierlicher, auf lange Sicht gefaßter Entschluß. Gesetze geben demgegenüber die Richtlinien für die einzelnen Lebenserscheinungen.

Die Verwirklichung der Entschlüsse ist Verwaltung im weitesten Sinn. Ihre Aufgabe ist es, die einmal gefaßten Entschlüsse in der zweckmäßigsten und nützlichsten Form durchzuführen. Sie ist als handelnde Staatsgewalt voller Dynamik.

Die handelnde Staatsgewalt kann sich in drei verschiedenen Richtungen äußern. Entweder sie wendet im voraus möglichst genau festgelegte Regeln auf einzelne Tatbestände in im voraus möglichst genau festgelegten Formen an, wobei es sich häufig um Korrekturen in der Vergangenheit begangener Fehler einzelner Personen handelt. Das ist die Aufgabe der Rechtsprechung. Oder sie beschäftigt sich mit der Gestaltung der wirtschaftlichen Beziehungen der im Staat lebenden Personen. Das ist die Funktion der Wirtschaftslenkung. Oder sie faßt jeden beliebigen Tatbestand an, um ihn im Rahmen des Gesetzes zu formen. Sie tut das mit allen Mitteln, die die Gesetze nicht verbieten. Das ist die Aufgabe der Verwaltung im engeren Sinn.

Diese Verwaltung ist der Gegenstand, mit dem sich das Verwaltungsrecht befaßt. Sie kann Vollziehung der durch die Gesetze geschaffenen Grundlagen sein. Sie kann aber auch Handlungen vornehmen, die gleichberechtigt neben den Gesetzen stehen. Die staatliche Rechtsordnung muß sich für die eine oder die andere Lösung entscheiden. Nach dem bisherigen deutschen Recht ist die zweite Möglichkeit in verschiedenen Formen verwirklicht worden durch die der Regierung und manchen Verwaltungsstellen zugebilligte Befugnis des Erlasses von Verordnungen mit Gesetzeskraft.

Der Umfang der Verwaltungstätigkeit kann ebensowenig für alle Zeiten wie für alle Fälle festgelegt werden. Er ist zu entnehmen aus den im modernen Staat fast unübersehbar zahlreichen Gesetzen und Anordnungen [1]).

2. Regierung und Verwaltung.

Verwalten ist eine dienende Tätigkeit, ist weniger als walten. In dem romanischen Wort Administration steckt das Wort Minister, ursprünglich Diener, in ihm wieder das Wort minus, wenig.

Walten dagegen bedeutet so viel wie regieren. Regieren aber ist eine richtunggebende Tätigkeit von Männern und Stellen, welche an der Spitze einer Gemeinschaft, so auch des Staates stehen.

Verwalten ist demnach die Tätigkeit innerhalb der von der Regierung gegebenen Richtlinien.

Die Beachtung des Unterschiedes zwischen Regieren und Verwalten ist wichtig. Ein Gemeinwesen kann nicht gedeihen, wenn die an der Spitze stehende Regierung sich allzusehr um Einzelheiten kümmert, wenn sie zu viel verwaltet.

3. Mittel der Verwaltung.

Die Verwaltung kann grundsätzlich genau die gleichen Mittel anwenden wie jeder Private. Dieser Grundsatz erleidet jedoch zwei Ausnahmen.

---

[1]) W. Jellinek, Verwaltungsrecht, 1929 (2. Aufl.), 2, macht darauf aufmerksam, daß die Gebührenordnungen einen guten Überblick darüber vermitteln, was alles unter Verwaltungstätigkeit zu verstehen ist.

a) Die Verwaltung kann teilweise mehr tun als private Personen, indem sie die dem Staat zur Verfügung stehende Herrschergewalt in Anspruch nimmt. Durch diese Gewalt hat der Staat die Möglichkeit, Menschen zu befehlen und sie zur Befolgung seiner Befehle zu zwingen. Mit solchen Mitteln arbeitet vorwiegend die hoheitliche Verwaltung.

b) Die öffentliche Verwaltung ist in ihren Mitteln aber auch beschränkter als Private. Dieser Umstand brauchte in der Vergangenheit weniger beachtet zu werden als heute. Der Zusammenbruch der politischen und wirtschaftlichen Grundlagen kann den einzelnen zu illegalen Handlungen zwingen. Gleichgültig ob man in solchen Fällen einen übergesetzlichen Notstand annimmt oder nicht, ist es möglich, daß die Staatsgewalt über derartige Ungesetzlichkeiten hinwegsieht und möglicherweise die nach dem Buchstaben des Gesetzes vorgeschriebenen Folgen nicht eintreten läßt. Die öffentliche Verwaltung jedoch muß sich im Rahmen der gesetzlich zulässigen Mittel halten, um nicht die Rechtsordnung und damit die Grundlagen des Zusammenlebens in der Gemeinschaft zu gefährden.

4. Abgrenzung der Verwaltung von anderer Staatstätigkeit.

Sie ist nur verständlich unter Beachtung der Lösungsversuche der Vergangenheit.

a) Älterer Justizstaat.

Für deutsche Verhältnisse spielt diese Auffassung eine Rolle in der Zeit der Reichsgerichte, insbesondere des Reichskammergerichts von 1495 bis 1806. Der Grundgedanke ist, daß die Beziehungen zwischen der öffentlichen Gewalt und dem einzelnen Bürger durch die Entscheidungen der ordentlichen Gerichte geregelt werden sollen. Die Anfänge des älteren Justizstaates fallen in Deutschland zusammen mit dem Beginn der Territorialstaaten. Infolgedessen konkurrierten von vornherein mehrere Gerichte miteinander. Es bedeutete einen Sieg der zentralen Reichsleitung, als 1495 die Errichtung eines Reichskammergerichts gelang. Dieses Gericht, zunächst in Frankfurt, dann in Speyer, seit 1693 in Wetzlar, stand über den territorialen Mächten. Es konnte sowohl Streitigkeiten erledigen, an denen reichsunmittelbare oder auch reichsmittelbare Gewalten beteiligt waren, als auch Meinungsverschiedenheiten zwischen Reichs- oder Landesbehörden und Untertanen klären. Gegenüber den Landesgerichten hatte das Reichskammergericht, dem später für bestimmte Fälle noch der Reichshofrat in Wien zur Seite trat, den Vorzug der Unabhängigkeit von landesherrlichen Befehlen.

Die prozessuale Form für die Austragung von Meinungsverschiedenheiten der öffentlichen Verwaltung ist nur denkbar bei einer entsprechenden Ansicht über die öffentliche Gewalt. Die Staatsgewalt und überhaupt die öffentliche Gewalt wird hiernach nicht als Einheit angesehen. Man kennt keine Einheit des Imperiums. Die öffentliche Gewalt ist vielmehr eine Summe der von Fall zu Fall vom Inhaber zu beweisenden Hoheitsrechte oder Regalien. Ihnen stehen die ebenfalls zu beweisenden wohlerworbenen Rechte, jura quaesita, der Untertanen gegenüber. Während einer langen Zeit sind diese beiden Arten von Rechten grundsätzlich gleichberechtigt. Immer häufiger wird dann aber das Vorliegen eines Staatsnotrechts, jus eminens, anerkannt, welches dem Landesherrn allmählich ein tatsächliches Übergewicht verleiht. Dabei entspricht es justizstaatlichem Denken, demjenigen, der einem jus eminens weichen muß, eine Entschädigung zuzubilligen.

Von vornherein war es unmöglich, sämtliche Angelegenheiten der öffentlichen Verwaltung vor ordentliche Gerichte zu bringen. Ein Teil schied sofort aus und unterlag nicht der richterlichen Nachprüfung. Diese Angelegenheiten nennt man Regierungssachen im Gegensatz zu Justizsachen, welche von den ordentlichen Gerichten nachgeprüft werden können. Die Grenze ist flüssig und oft der Gegenstand langwieriger Prozesse.

b) Absoluter Staat.

Eine immer weitere Verstärkung des Staatsnotrechts führt schließlich zu einer Zusammenfassung aller Staatsgewalt an der Staatsspitze. Bei Monarchien ist das der Fürst, der so zum absoluten Herrscher wird. Lediglich aus Zweckmäßigkeitsgründen wird die Rechtsprechung auf besondere Gerichtsbehörden übertragen, die aber genau so der Einwirkung des Monarchen unterliegen wie jede andere Behörde. Er kann in jedes Gerichtsverfahren durch einen Machtspruch eingreifen. Das ist das Wesen der Kabinettsjustiz. Der Rückgang der Machtbefugnisse des Reichs verlagerte das Schwergewicht sämtlicher staatlicher Maßnahmen auf die Territorien.

c) Rechtsstaat.

Unter Berücksichtigung der in England geübten Verwaltung

kommt in Frankreich Montesquieu im Jahre 1748 zur Forderung gesonderter Behördenapparate für die Exekutivgewalt, die Legislativgewalt und die richterliche Gewalt. Die Trennung der Gewalten wurde durch die französische Revolution in weitem Umfang durchgeführt. Die anderen europäischen Staaten folgten meist im Laufe des 19. Jahrhunderts.

Die ausgebaute Lehre von der Gewaltentrennung geht von der Einheit der Staatsgewalt aus, kennt aber drei verschiedene Funktionen des einheitlichen Imperiums. Die Gewaltentrennung ist die eine Grundlage des Staatssystems, welches den absoluten Staat zu Beginn des 19. Jahrhunderts ablöste, des Rechtsstaats.

Der zweite wichtige Grundsatz des Rechtsstaates besagt, daß keine einen Bürger belastende Verwaltungsmaßnahme ohne gesetzliche Grundlage erfolgen darf. Es genügt nicht die Berufung auf die Anordnung einer vorgesetzten Dienststelle, sondern als letztes Glied muß immer ein Gesetz vorhanden sein. Diese sogenannte Gesetzmäßigkeit der Verwaltung läßt sich in zwei Formen durchführen. Denkbar ist, daß der Gesetzgeber nur allgemeine Richtlinien erläßt. Solche „Kautschukbestimmungen" haben den Nachteil praktisch weitgehender Unkontrollierbarkeit der Verwaltung. Die andere Lösungsmöglichkeit ist die der erschöpfenden enumerativen Aufzählung aller Tatbestände, die durch die Verwaltung zu regeln sind. Sie kann die Verwaltung leicht unbeweglich machen oder überhaupt an dringend notwendigen Maßnahmen hindern. In der Praxis wird daher meist eine Mischung beider Möglichkeiten vorgenommen, wobei jedoch oft eine Vorliebe für das eine oder andere System zu beobachten ist. So kennt man in Norddeutschland unter preußischem Einfluß mehr allgemeine Regelungen, während die süddeutsche Gesetzgebung die Aufzählung einzelner Tatbestände vorsieht. Der Unterschied wird erkennbar bei einer Gegenüberstellung von § 10, II, 17 pr.ALR. oder § 14 pr.PVG. und dem bayerischen Polizeistrafgesetzbuch vom 26. 12. 1871 oder dem badischen Polizeistrafgesetzbuch vom 31. 10. 1863.

d) Neuerer Justizstaat.

Die äußerste Konsequenz des Rechtsstaates ist die Forderung der Nachprüfbarkeit der Verwaltungsakte durch unabhängige Gerichte. Diese Forderung wurde im Laufe des 19. Jahrhunderts jedoch nur in geringem Umfang verwirklicht. Zunächst dachte man daran, auch Verwaltungsangelegenheiten durch Zivil- und Strafgerichte entscheiden zu lassen. Auch dort, wo wie z. B. in Kurhessen die Unabhängigkeit der Justiz weit mehr gesichert war als in andern Ländern und der ältere Justizstaat des Reichskammergerichts und Reichshofrats nahezu ohne Unterbrechung in den neueren Justizstaat überging, konnte man sich der Tatsache nicht verschließen, daß gute Kenntnisse auf dem Gebiet des Zivilrechts und des Verwaltungsrechts die Leistungsfähigkeit eines Menschen überschreiten. So meinte z. B. der berühmteste Vorkämpfer des neueren Justizstaates Otto Bähr: „Wenn die gewöhnlichen Gerichte nicht für geeignet gehalten werden, über die Fragen des öffentlichen Rechts zu entscheiden, so schaffe man Gerichte eigens für diesen Zweck" [2]).

Diese Erwägungen gaben Anlaß zur Einführung besonderer Verwaltungsgerichte. Sie wurden besetzt mit Richtern, die die gleiche Stellung, insbesondere die gleiche Unabhängigkeit haben wie die Richter der ordentlichen Gerichte, die jedoch besondere verwaltungsrechtliche Fachkenntnisse besitzen. Für diese Lösung setzte sich seit den sechziger Jahren vor allem der Berliner Staatsrechtslehrer Rudolf von Gneist ein [3]).

Der neuere Justizstaat ist kein Gegensatz zum Rechtsstaat, sondern nur eine seiner möglichen Formen.

e) Autoritärer Staat.

In der Zeit zwischen 1933 und 1945 wurde der Unterschied zwischen den Funktionen der Staatsgewalt verwischt. Infolgedessen mischte sich die Verwaltung in die Gesetzgebung, wie z. B. die Führerbefehle, Führererlasse usw. zeigen, und auch in die Rechtsprechung durch Justizleitung und Justizlenkung. In den Verfassungen der Länder der russischen Besatzungszone werden unter dem Einfluß des russischen Staatskapitalismus ebenfalls die Grundgedanken einer Aufteilung der Staatsgewalt in verschiedene Funktionen abgelehnt. Eine solche Auffassung ist mit einem Mehrparteienwesen unvereinbar. Deshalb stellen die Parteien in der Ostzone oppositionslose Blockparteien dar. Im autoritativen Staat hängt die Gesetzgebungstätigkeit im einzelnen, nachdem in irgendeiner Form durch die hierzu fähigen Staatsstellen die Machtbefugnisse auf Regierungsstellen übertragen sind, von Verwaltungsmaß-

---

[2]) Otto Bähr, Der Rechtsstaat, 1864, 69.

[3]) Rudolf von Gneist, Das heutige englische Verfassungs- und Verwaltungsrecht, 1860, II, 896 ff. Derselbe, Der Rechtsstaat, 1872, 168 ff.

nahmen ab. Das ist die schärfste Form der Einmischung der Verwaltung in die Gesetzgebungsarbeit: Gesetzgebung wird so überhaupt nur möglich durch die Tätigkeit der Verwaltung und nachdem diese den Gesetzgebungskörper geschaffen oder doch zum mindesten handlungsfähig gemacht hat. Dabei handelt es sich nicht nur um einen Eingriff der Verwaltung in einzelne Akte der Gesetzgebung, sondern um die völlige und grundsätzliche Abhängigkeit der die Gesetzgebungsfunktion ausübenden Staatsstelle von der Verwaltung. In ähnlicher Weise greift die Verwaltung in die Justiz und in die Wirtschaftsführung ein, so daß auch hier von verschiedenen Funktionen nicht gesprochen werden kann.

5. Negative Abgrenzung.

Ausgehend von den verschiedenen Staatsfunktionen kann man den Begriff der Verwaltung auch negativ umschreiben. Verwaltung ist danach die Tätigkeit des Staates oder eines sonstigen Trägers öffentlicher Gewalt außerhalb von Gesetzgebung, Justiz und Wirtschaftsleitung. Wie alle negativen Begriffsbestimmungen hat sie den Nachteil, daß sie nur verständlich wird nach einer genauen Beschreibung der zum Vergleich herangezogenen Begriffe, hier der übrigen Staatsfunktionen.

2. Kapitel
Trennung der Gewalten

1. Grundlage.

Nach der seit dem Beginn des 19. Jahrhunderts herrschenden Ansicht besitzt der moderne Staat eine einheitliche Staatsgewalt, ein einheitliches Imperium. Die Staatsgewalt wird jedoch in mehreren Funktionen ausgeübt. An der Spitze steht die gesetzgebende Gewalt. Dies ergibt sich aus den Grundlagen, auf denen der Rechtsstaat aufgebaut ist. Unter der gesetzgebenden Gewalt als selbständiger Funktion der Staatsgewalt stehen die vollziehenden Gewalten, nämlich die Rechtsprechung und die Verwaltung. Hinzukommt bei manchen Staaten, so auch beim deutschen, die Wirtschaftslenkung.

Die Abgrenzung der gesetzgebenden Gewalt von den vollziehenden Gewalten ist meist ohne größere Schwierigkeiten möglich. Grundsätzlich werden die verschiedenen Funktionen von den zur Ausübung gerade der betreffenden Funktion bestimmten Stellen ausgeübt. Die vorhandenen Ausnahmen, da Gerichte oder Verwaltungsbehörden Recht setzen, oder da Rechtssetzungsstellen verwalten oder gar Recht sprechen, sind in meist leicht übersichtlichen gesetzlichen Bestimmungen geregelt [1]). Sehr viel schwieriger ist die Festlegung der Grenze zwischen den verschiedenen vollziehenden Gewalten.

2. Rechtsprechung und Verwaltung.

Staat und Recht sind nach der Auffassung des Rechtsstaates zwar zwei unmittelbar verbundene, aber doch je in sich geschlossene, der Verwirklichung je einer besonderen Wertidee dienende Bereiche des geistigen Lebens [2]). Diese grundsätzliche Verbindung beider Größen ist der Grund, weshalb eine klare begriffliche Trennung in der Vergangenheit so lange hat auf sich warten lassen.

Die Trennung vollzog sich in den deutschen Ländern nach und nach in immer neuen Anläufen. In Preußen spielt sie eine Rolle erstmalig in einem Ressortreglement vom 26. 12. 1808, das Hoheits-, Polizei- und Justizsachen unterscheidet. Über das Verhältnis der einzelnen Sachgruppen zur Gesamtstaatsgewalt herrscht zunächst noch keine Klarheit. Die Ansicht von der Einheit der Staatsgewalt befestigt sich erst allmählich. Das endgültige Ergebnis für das gesamte Reichsgebiet ist § 13 GVG. Danach gibt es eine einheitliche Staatsgewalt, die in verschiedenen Funktionen ausgeübt wird. Die Bestimmung gilt gemäß der von der Militärregierung herausgegebenen Allgemeinen Anweisung für Richter Nr. 2 auch gegenwärtig noch.

3. Rechtsprechung.

Für die Rechtsprechung zuständig sind grundsätzlich die ordentlichen Gerichte. Die Aufgabe der Gerichte ist im wesentlichen die Erfassung und Beurteilung von in der Vergangenheit liegenden Ereignissen. Die Rechtsanwendung bezweckt in erster Linie die Erhaltung der Rechtsordnung und Rechtssicherheit. Selbstzweck (fiat iustitia, pereat mundus!) ist sie nicht, weil auch die Gerichte wirtschaftliche und soziale Belange zu berücksichtigen haben.

Strafsachen sind meist leicht zu erkennen, da im Strafrecht die zu beurteilenden Sachverhalte genau angegeben sind.

---

[1]) Vgl. unten 5. Kapitel.

[2]) So Rudolf Smend, Verfassung und Verfassungsrecht, 1928, 98 ff.

Bei bürgerlich-rechtlichen Streitigkeiten versagt wegen der meist nur die Art oder Gattung, nicht die Spezies des Sachverhalts angebenden Gesetze diese Hilfe. Es muß daher im einzelnen festgestellt werden, was unter bürgerlich-rechtlicher Streitigkeit im Sinne des § 13 GVG. zu verstehen ist. Maßgeblich ist der Sachvortrag des Klägers. Behauptet er in schlüssiger Weise das Vorliegen eines zivilrechtlichen Verhältnisses, aus dem er den Klageanspruch herleitet, dann liegt eine bürgerlich-rechtliche und keine verwaltungsrechtliche Streitigkeit vor. Nicht von ausschlaggebender Bedeutung ist die Natur der Parteien. Es ist insbesondere zu eng anzunehmen, daß der ordentliche Rechtsweg nur zwischen Privatpersonen zulässig sei (MDR. 1948, S. 80).

Der ordentliche Rechtsweg wird nicht dadurch ausgeschlossen, daß sich der Beklagte auf ein im öffentlichen Recht wurzelndes Gegenrecht beruft (MDR. 1948, S. 169. SJZ. 1946, S. 176).

Von dem Grundsatz sind, wie § 13 GVG. zeigt, Ausnahmen möglich. Die Behandlung einzelner Streitgegenstände, die ihrer Natur nach bürgerlich-rechtliche sind, kann kraft positiven Rechts anderen Behörden übertragen werden (z. B. Wildschadensersatz nach pr. Jagdordnung von 1907).

Umgekehrt rücken die ordentlichen Gerichte aus zwei Richtungen nahe an die Verwaltungstätigkeit heran. So weist ihnen das große Gebiet der freiwilligen Gerichtsbarkeit die Möglichkeit des Gestaltens von Ereignissen in der Zukunft zu. Ferner kann ihnen durch besondere gesetzliche Bestimmungen die Erledigung von im öffentlichen Recht begründeten Angelegenheiten übertragen werden. Solche Angelenheiten sind:

a) Gewisse öffentlich-rechtlichen Entschädigungsansprüche gegen den Staat. Besonders zu erwähnen sind hier:
  - aa) die Aufopferungsansprüche, worunter die Aufopferung eines Rechts zu verstehen ist, welches aus polizeilichen Gründen einem wichtigeren Recht weichen muß (§§ 74, 75 Einleitung zum pr.ALR.),
  - bb) Ansprüche aus polizeilichem Notstand, wenn z. B. ein rechtmäßig zugelassener und betriebener Betrieb wegen überwiegender Gefahren für die Allgemeinheit untersagt werden muß (§ 51 GewO., § 70 pr.PVG.),
  - cc) Entschädigungsansprüche aus Enteignung, sofern der ordentliche Rechtsweg nicht ausdrücklich ausgeschlossen ist,

b) die Nachprüfung polizeilicher Strafverfügungen (z. B. § 62 pr.PVG.), sofern diese Einrichtung noch besteht,
c) die vermögensrechtlichen Ansprüche der Beamten (§ 142 DBG.), sowie die Einwendungen des Beamten gegen seine Erstattungspflicht nach § 8 des Erstattungsgesetzes vom 18. 4. 1937 — RGBl. I, 461 —,
d) die Entschädigungsansprüche des Staates und gegen den Staat aus Amtspflichtsverletzungen (RG. in RVerwBl. 56, 597),
e) einige Ansprüche auf Spezialgebieten.

4. Verwaltungsangelegenheiten.

Die Erledigung der Verwaltungsgeschäfte liegt grundsätzlich in der Hand von Verwaltungsbehörden. Sie beschäftigen sich vorwiegend mit der Gestaltung und Entscheidung von Rechtsverhältnissen für die Zukunft. Sie wollen durch ihre Maßnahmen nicht die Rechtsordnung erhalten, sondern durch die Rechtsanwendung dem Gemeinwohl dienen. Aber nicht jede Verwaltungsbehörde übt immer Verwaltungsgeschäfte aus und umgekehrt, nicht nur Verwaltungsbehörden üben Verwaltungsgeschäfte aus.

Die Ausübung der Verwaltung durch Verwaltungsbehörden wird gedeckt durch den Begriff der organisatorischen Verwaltung. Verwaltung unabhängig von der sie durchführenden Stelle bezeichnet man als Verwaltung im gegenständlichen Sinn.

5. Folgen der durchgeführten Trennung.

a) Die nach den verschiedenen Funktionen tätig werdenden Staatsstellen haben gegenseitig keine Befehlsbefugnisse. Diese Unabhängigkeit ist für die Justiz ausdrücklich gesetzlich festgelegt (§ 189 StPO.), wird aber auch für die Verwaltung nicht bestritten.

b) Verwaltungs- und Justizakte sind voneinander unabhängig. Davon zu unterscheiden ist die Durchführung der Akte. Hier ist es möglich, daß die eine Behörde zu anderen Ergebnissen kommt als die einer anderen Staatsfunktion angehörende Behörde. Die wichtigsten Fälle sind Begnadigung und Obdachlosenpolizei.

c) Die erlassenen Akte werden gegenseitig anerkannt.

Von dieser sog. Tatbestandswirkung werden nur die Akte ergriffen, nicht die ihnen vorangehenden Erwägungen, die Vorfragen im weitesten Sinn. Eine Ausnahme bilden die unwirksamen Akte, die von der anderen Funktion nicht anerkannt zu werden brauchen (pr.OVG. 23, 389).

Wird der gleiche Tatbestand zugleich in einem Justiz- und in einem Verwaltungsverfahren behandelt, so ist jede Behörde in der Feststellung des Tatbestandes frei. Eine Feststellungswirkung gibt es nicht (Argument aus § 190 StGB.).

6. Verwaltung und Wirtschaftslenkung.

Die Dreiteilung der Staatsfunktionen wird der modernen Gesellschaft, für die die Wirtschaft eine so große Bedeutung erlangt hat, nicht mehr gerecht. Vielmehr sprengt die Anarchie des vagabundierenden Kapitals und der funktionell durch den Staat nicht gebundenen Wirtschaftskräfte jeden staatlichen Aufbau. Es kommt zu einer auf die Dauer unerträglichen Divergenz zwischen der Wirklichkeit und der Rechtstheorie und Terminologie.

Ein organischer Staatsaufbau ist nur möglich, wenn diese Umstände an der Wurzel alles staatlichen Daseins berücksichtigt werden, bei der Staatsgewalt. Andernfalls bildet sich eine ökonomische Gewalt neben der Staatsgewalt, wodurch diese praktisch entmachtet wird. Wirtschaftsbeherrschung und Wirtschaftslenkung ist daher ebenso eine Funktion der modernen Staatsgewalt wie es Rechtsprechung, Verwaltung und Gesetzgebung ist.

Die Art und Weise der Berührung der Funktion der Wirtschaftslenkung mit der Verwaltung ist abhängig von ihrem Aufbau im einzelnen.

Denkbar ist eine völlige Verstaatlichung der Wirtschaft, was zum Staatssozialismus, auch ökonomischer Sozialismus genannt, führt. Ein solches System besteht nicht auf deutschem Boden.

Eine abgewandelte Form des Staatssozialismus ist der Aufbau der Wirtschaft, jedenfalls in ihren volkswirtschaftlich maßgeblichen Zweigen, in landeseigenen Betrieben, wie sie gegenwärtig die Ostzone kennt. Hier geschieht die Einschaltung des Staates in der Form, daß der Landtag die Sozialisierung durchführt. Dadurch wird die Verbindung des Staatsbürgers mit dem Wirtschaftsbetrieb hergestellt. Da auch der im Betrieb selbst arbeitende Arbeiter Staatsbürger ist, ist er über das Parlament an dem Betrieb „beteiligt". Über die Berührung zwischen Wirtschaft und Verwaltung sagt ein solches System nichts grundsätzlich Neues. Beide Funktionen bestehen nebeneinander. Wenn die Verwaltung in Wirtschaftsdinge eingreift, muß das gesetzlich festgelegt sein. Inwieweit die Wirtschaft ihre eigene Verwaltung hat, ergibt sich ebenfalls aus den gesetzlichen Grundlagen. Daß die Verwaltung der landeseigenen Betriebe in der Ostzone tatsächlich nicht in dieser Form geschieht, hat seinen Grund in der Form des Staatsaufbaus, die grundsätzlich keine Gewaltentrennung kennt, sondern die Verwaltung alle anderen Funktionen beherrschen läßt.

Sozialisierung kann auch durch Nationalisierung durchgeführt werden, indem Verwalter oder Träger des Eigentums eine vom Staat unabhängige, aber nicht aus privater Initiative entstandene und nicht durch private Kräfte zusammengesetzte Körperschaft wird (z. B. National coal board in England). Grundlagen für die Durchführung dieses sog. humanistischen Sozialismus sind in Hamburg (Sozialisierungsplan vom 5. 2. 1947), Berlin (Gesetz zur Rückführung von Konzernen usw. in Gemeineigentum vom 13. 2. 1947), und Hessen (Art. 40 der Verfassung) vorhanden. Auf gleicher Ebene liegt die Kommunalisierung, wobei Wirtschaftsunternehmungen durch Gebietskörperschaften betrieben werden. In all diesen Fällen wird meist eine besondere Wirtschaftsverwaltung errichtet werden müssen. Jedoch kann einerseits eine solche Verwaltung weitgehend durch Dienststellen der allgemeinen Verwaltung erledigt werden, wie das bisher schon häufig bei der Kommunalisierung der Fall ist. Andrerseits wird sowohl Nationalisierung als auch Kommunalisierung sich auswirken auf die von ihnen nicht ergriffenen Wirtschaftszweige. Hierdurch ändert sich deren Stellung im Staatsganzen und damit auch die sie betreffende Verwaltung [3]).

3. Kapitel

Arten der Verwaltung

1. Hoheitliche Verwaltung.

Diese Bezeichnung ist besser als die früher übliche Bezeichnung obrigkeitliche Verwaltung. Bei der hoheitlichen Verwaltung tritt der Staat dem einzelnen als Hoheitsträger entgegen. Sie wird vollzogen durch Verwaltungsakte, hier häufig genannt Hoheits-

[3]) Näheres s. z. B. 17. Kapitel, Berufsrecht.

akte, äußerstenfalls aber nicht immer durch überwältigenden körperlichen Zwang. Ob ein Hoheitsakt vorliegt, richtet sich nach der Natur des Rechtsverhältnisses, das entweder der Hoheitsakt selbst ist oder aus dem er sich ergibt. Nicht entscheidend ist die Rechtsnatur der Beteiligten[1]). Die Feststellung, ob ein hoheitlicher Verwaltungsakt vorliegt, ist deshalb wichtig, weil derartige Verwaltungsakte grundsätzlich unempfindlich gegen Fehlerhaftigkeit sind[2]). „Der hoheitliche Staat und die ihm gleich stehenden Träger öffentlicher Gewalt haben das große Vorrecht, sich irren zu dürfen"[3]). Eine trotz dieses Grundsatzes behauptete Nichtigkeit muß für jeden Fall von demjenigen nachgewiesen werden, der sich darauf beruft. Insbesondere öffentliche Urkunden haben stets die Vermutung der Echtheit für sich (§§ 418, 437 ZPO.). Eine dem § 134 BGB. entsprechende Bestimmung kennt das öffentliche Recht nicht.

2. Nichthoheitliche Verwaltung.

Für eine amtliche Stelle kann es manchmal zweckmäßiger sein, nicht mit hoheitlicher Gewalt aufzutreten, sondern ihre Ziele mit den gleichen Mitteln zu verfolgen, die auch ein Privatmann anwendet. Auch hierbei handelt es sich um öffentliche Verwaltung (§ 132 StGB., Art. 131 WRV.).

3. Fiskalische Verwaltung.

a) Geschichtliche Grundlage.

Der absolute Staat verwandte den Fiskusbegriff dazu, um eine Scheidung zwischen den Ressorts der Justiz und der Verwaltung vorzunehmen. Wenn nämlich der Staat als Hoheitsperson durch Hoheitsakte den Untertan schädigte, dann erwuchs diesem unter Umständen ein privatrechtlicher Entschädigungsanspruch, den er gegen die staatliche Vermögensverwaltung, den Fiskus, geltend machen konnte. Der Fiskus wurde wegen dieser Haftungsmöglichkeit der „Prügelknabe des Staats" genannt. Aber auch bei anderen Verwaltungsakten lief des öfteren ein den Fiskus angehendes Privatrechtsverhältnis nebenher, so z. B. bei Beamtenanstellungen,

[1]) Näheres s. Kleinrahm in: MDR. 1948, 110.
[2]) Vgl. unten 5. Kapitel.
[3]) Pr.OVG. in: Preußisches Verwaltungsblatt Bd. 42 (1921), 66.

bei Steuerzahlungen. Insoweit lag dann eine Justizsache vor. Der Fiskus mußte vor dem ordentlichen Richter Rede und Antwort stehen (§§ 81 ff., II,14 ALR.).

Diese große Bedeutung hat der Fiskus heute nicht mehr.

b) Begriffsbestimmung.

Fiskus ist nach heutiger Auffassung der Staat als Subjekt von privaten Rechtsverhältnissen. Der Staat kann in zweierlei Weise in den Privatrechtsverkehr treten:

Entweder behält er sich vor, in jedem Einzelfall ausdrücklich oder stillschweigend zu erklären, wann er sich dem Zivilrecht unterwerfen will. Er nimmt dadurch die Möglichkeit zu privatrechtlichem Handeln in die Zuständigkeit der einzelnen Behörden auf. Dabei gibt es keine juristische Person des Privatrechts, sondern die fiskalische Tätigkeit teilt sich in eine Anzahl von behördlichen Zuständigkeiten auf wie jede andere Verwaltungstätigkeit. Das ist z. B. der Standpunkt des französischen Rechts (domaine privé de l'Etat).

Oder der Staat unterwirft sich ganz allgemein dem Privatrecht, sobald er wie eine Privatperson auftritt. Das ist der Standpunkt des deutschen Rechts (z. B. § 1936 BGB., Art. 138 EGBGB.). Ausnahmen müssen gesetzlich festgelegt sein (z. B. § 452 HGB.).

c) Tätigkeit des Fiskus.

Der Fiskus ist dem Privatrecht unterworfen (fiscus jure privato utitur) (§ 89 BGB.). Er ist auch dem öffentlichen Recht unterworfen (fiscus jure publico utitur) (§ 4 EGZPO., Art. 19 WRV.).

In diesen beiden Rechtssphären erscheinen nach deutschem Recht mehrere Fisci, z. B. Reichsfiskus, Reichsmilitärfiskus, Eisenbahnfiskus, Postfiskus, Stromfiskus, Länderfiskus. Diese Aufspaltung zeigt mit Deutlichkeit, daß ein Fiskus keine selbständige Rechtspersönlichkeit neben dem Staat sein kann, da es dann ebensoviel juristische Personen geben müßte wie Fisci. Vielmehr sind die verschiedenen Fisci nur Verwaltungsabteilungen. Staat und Fiskus sind nach der herrschenden deutschen Lehre eine Einheit.

d) Amtsbefugnisse und Haftung.

Hoheitliche und privatrechtliche Befugnisse brauchen nicht in der Hand der gleichen Behörde oder Person zu liegen. Unabhängig aber davon, wer für das eine oder das andere zuständig ist, sind die Handlungen hoheitlicher und fiskalischer Verwaltung stets streng voneinander zu trennen. Fiskalische Zwecke dürfen nicht mit hoheitlichen Maßnahmen verfolgt werden (Pr.OVG. 50, 422; 57, 486).

Die Haftung für fiskalische Versehen richtet sich nach §§ 31, 89, 278, 831 BGB. Die Amtshaftung für Übergriffe der öffentlichen Gewalt richtet sich nach Art. 131 WRV.

e) Zweck fiskalischer Verwaltung.

Wie der Staat selbst können auch sonstige Körperschaften des öffentlichen Rechts fiskalische Verwaltung ausüben. Das wird dann zweckmäßig sein, wenn es auf die Erzielung wirtschaftlichen Gewinnes ankommt. Die Verwaltung innerhalb der Funktion der Wirtschaftslenkung ist nicht fiskalische Verwaltung. Sie kann sich jedoch mit ihr berühren.

4. Freie und gebundene Verwaltung.

Freie Verwaltung liegt vor, wenn die zuständige Verwaltungsstelle einen bestimmten Verwaltungsakt setzen kann aber nicht muß (z. B. § 8 Reichsbürgergesetz, § 56d GewO.).

Gebundene Verwaltung liegt vor, wenn die zuständige Verwaltungsdienststelle bestimmte Akte setzen muß. Diese Umstände müssen immer gesetzlich festgelegt sein (z. B. § 57 GewO., zahlreiche Steuerbestimmungen).

5. Freies Ermessen.

Jeder Verwaltungsakt muß nicht nur rechtmäßig, sondern auch zweckmäßig sein. Innerhalb des Bereichs der Zweckmäßigkeit kann die Behörde in manchen Fällen nach freiem Ermessen verfahren. Aus dem Wortlaut des Gesetzes ist die Befugnis zum freien Ermessen nicht immer zu ersehen. In solchen Fällen muß dann Sinn und Zweck der Bestimmung unter Anwendung der allgemeinen Auslegungsregeln herangezogen werden.

Die richtige oder unrichtige Anwendung freien Ermessens kann durch das Verwaltungsgericht nach den meisten Regelungen nicht nachgeprüft werden.

Freies Ermessen ist keine nur dem Verwaltungsrecht bekannte Einrichtung. Vielmehr wird es auch bei der Rechtsprechung verwendet (§§ 145, 148, 150, 398 ZPO., § 3 BGB.).

Keine Ermessensentscheidung ist vorhanden, wenn der Auslegung eines vom Gesetz gebrauchten Begriffs ein gewisser Spielraum gelassen ist. Im wesentlichen handelt es sich um die gleichen Umstände, die auch im Zivil- oder Strafrecht von Bedeutung sind (z. B. § 138, 242, 826 BGB., § 360, II StGB.).

Nicht im Rahmen des ihr zustehenden freien Ermessens hat die Behörde gehandelt, wenn sie nach unsachlichen Gesichtspunkten entschieden hat, die dem Sinn und Zweck der gesetzlichen Bestimmungen, auf die sie sich stützt, nicht entsprechen. Ist die Entscheidung nicht nur möglicherweise unrichtig, sondern völlig unbillig oder unangemessen, so liegt Ermessensmißbrauch vor. Ermessensmißbrauch ist eine Rechtsverletzung und als solche von allen Stellen, die die Rechtmäßigkeit der Verwaltung zu überprüfen haben, nachprüfbar.

Für das Handeln im Rahmen des freien Ermessens wichtig ist das Nachschieben von verschiedenen tatsächlichen Begründungen oder die Benutzung eines Vorwandes durch die Behörde. Ein derartiges Verhalten ist zulässig, sofern der von der Behörde erstrebte Zweck für die Allgemeinheit wertvoll ist. Ein allgemeiner „Einwand des Vorwandes" wird von der herrschenden Meinung nicht anerkannt (pr.OVG. 65, 424; 68, 438).

Das Nachschieben oder die Verwendung neuer Rechtsgrundlagen, die sog. Konversion, ist zulässig innerhalb der Verwaltungsbehörden, nicht jedoch durch die Verwaltungsgerichte (VHG. Stuttgart in NJW. 1948, S. 396).

Nach allem kann das freie Ermessen bezeichnet werden als die vom Gesetz für maßgeblich erklärte fehlerfrei zustandegekommene individuelle Abgrenzung eines unbestimmten Begriffs innerhalb seiner beiden äußersten Grenzen, sofern das Gesetz ausdrücklich oder stillschweigend ein derartiges Schwanken zwischen zwei Punkten zuläßt. Fehlerfrei bedeutet hier soviel wie entweder keinen Irrtum über das Vorhandensein der Möglichkeit freien Ermessens oder aber das gleiche wie fehlerfreier Verwaltungsakt.

4. Kapitel
Verwaltungsrecht

1. Begriff des öffentlichen Rechts.

Recht setzt mehrere Personen voraus, an die sich seine Normen richten und die sich nach diesen Normen richten oder doch zu richten verpflichtet sind. Bloße Selbstgespräche einer staatlichen

---

[4]) Eine wertvolle kasuistische Zusammenstellung: Krönig, Verwaltungsgerichtliche Nachprüfung von Ermessensentscheidungen, in: MDR. 1948, 130.

oder einer sonstigen öffentlichen Verwaltungsstelle, etwa Dienstanweisungen für den inneren Dienstbetrieb, sind kein Recht.

Das gesamte geltende Recht eines Staates wird üblicherweise in zwei Bezirke eingeteilt, das öffentliche Recht und das Privatrecht.

Das öffentliche Recht regelt die Beziehungen des einzelnen zum Staat oder der Stellen, die anstatt des Staates auftreten, oder die Beziehungen dieser Stellen untereinander. Die Beziehungen können entweder die gleiche Richtung haben derart, daß die Tätigkeit des einzelnen im Ergebnis die vom Staat im allgemeinen verfolgten Bestrebungen unterstützt. Sie können aber auch gegeneinander gerichtet sein, indem der einzelne die vom Staat verfolgten Bestrebungen nicht unterstützt oder ihnen entgegenarbeitet und deswegen an einem weiteren derartigen Verhalten gehindert oder gar bestraft werden muß. Das öffentliche Recht ist so weitgehend ein Recht der Über- und Unterordnung. Jedoch sind ihm auch Beziehungen gleichgeordneter Partner nicht unbekannt (z. B. Streitigkeiten zweier Gemeinden).

Das Privatrecht regelt die Beziehungen zwischen Privatpersonen. Es geht grundsätzlich von der Gleichberechtigung der von ihm betroffenen Personen aus.

Die genaue Abgrenzung beider Gebiete ist nicht leicht. Das beste Unterscheidungsmerkmal ist der Zweck: Wenn eine Rechtsnorm dem Interesse der Gesamtheit dienen will, ist sie öffentliches Recht, wenn sie einem einzelnen dienen will, ist sie Privatrecht. Bei der oft vorhandenen Nähe oder gar Verzahnung öffentlicher und privater Interessen ist es nicht immer möglich, einen einheitlichen Zweck zu ermitteln. Dann genügt der vorwiegende Zweck. Die erwähnte Schwierigkeit der Abgrenzung ist ein Argument für diejenigen, die einen Unterschied zwischen öffentlichem und privatem Recht überhaupt leugnen und von einem einheitlichen aber inhalt- und stofflosem Recht ausgehen [1]). Schließlich besteht die Möglichkeit, zwar eine Unterscheidung nach dem Normeninhalt vorzunehmen, dabei aber das Privatrecht völlig im öffentlichen Recht aufgehen zu lassen [2]). Beide Lösungsversuche entsprechen nicht der geltenden Rechtsordnung und können daher zur Zeit nur Erörterungen de lege ferenda sein.

[1]) Hans Kelsen, Hauptprobleme der Staatsrechtslehre, 1911. Allgemeine Staatslehre, 1925, 350.

[2]) Derartige Versuche z. B. in der national-sozialistischen Verwaltungsrechtsliteratur.

2. Begriff des Verwaltungsrechts.

Verwaltungsrecht ist nicht das Recht der Verwaltungsbehörden oder das von ihnen angewandte Recht. Denn Verwaltung wird auch durchgeführt von Behörden, die nicht Verwaltungsbehörden sind, sondern die zu den Staatsfunktionen der Gesetzgebung oder der Rechtsprechung gehören.

Auch auf die jeweils von der Rechtsnorm genannte oder von ihr angesprochene Person kommt es nicht an (Subjekttheorie). Denn Verwaltung kann auch dort vorliegen, wo als Rechtsträger nur Privatpersonen sichtbar sind, sofern nur der Gegenstand der Beziehungen zwischen ihnen nicht privatrechtlicher, sondern öffentlich-rechtlicher Natur ist.

Verwaltungsrecht ist vielmehr das Recht für die Verwaltung im gegenständlichen Sinn. Es ist die rechtliche Qualifikation alles dessen, was durch eine solche Verwaltung ergriffen wird.

3. Einteilung des Verwaltungsrechts.

Im Gegensatz zum Privatrecht ist eine allgemein anerkannte Einteilung des Verwaltungsrechts nicht vorhanden. Die ständige Zunahme der Aufgaben der Verwaltung läßt immer neue Zweige des Verwaltungsrechts entstehen. Eine weitere Schwierigkeit ergibt sich aus der Zusammensetzung mancher Rechtsgebiete aus öffentlich-rechtlichen und privatrechtlichen Bestandteilen, was z. B. für das Arbeitsrecht oder das Jugendrecht besonders charakteristisch ist. Andere Rechtszweige haben sich so sehr entwickelt, daß sie zu eigenen Disziplinen geworden sind, wie z. B. das Steuerrecht.

Hinzukommt, daß niemand ein allgemein gültiges Merkmal für den Unterschied zwischen einem allgemeinen und einem besonderen Teil des Verwaltungsrechts angeben kann [3]). Am zweckmäßigsten dürfte es sein, diesen Unterschied überhaupt fallen zu lassen und von allgemeinen Lehren und einzelnen Sachgebieten zu sprechen. Die einzelnen Sachgebiete behandeln die einzelnen Verwaltungszweige wie Polizei, Gewerbewesen, Beamtenwesen usw. Die allgemeinen Lehren befassen sich mit denjenigen Rechtsfragen, die für die Sachgebiete von Bedeutung sind

[3]) Ein Blick in die verschiedenen Lehrbücher des Verwaltungsrechts zeigt das mit aller Deutlichkeit.

oder doch von Bedeutung sein können. Dahin gehört die Grundlegung der Verwaltung sowohl als auch die rechtliche Qualifikation der an ihr beteiligten Dienststellen, Personen und Sachen, ihrer Handlungen und die Darstellung des gesamten Verwaltungsverfahrens.

4. Arten der Verwaltungsvorschriften.

Hinsichtlich des lokalen Geltungsbereichs unterscheidet man Reichs- und Landesrecht. Reichsrecht gilt für das ganze Reichsgebiet. Während der Besatzungszeit sind reichsrechtliche Vorschriften möglicherweise in manchen Gebieten suspendiert. Landesrecht gilt für das Gebiet des die Normen erlassenden Landes. Seit der Begründung der neuen Länder nach 1945 gibt es zwei Sorten von Landesrecht, nämlich dasjenige der alten, teilweise verschwundenen Länder, insbesondere Preußens, und dasjenige der neuen Länder. Grundsätzlich gilt das alte Landesrecht weiter. Es kann sogar geschehen, daß vor 1945 außer Kraft befindliche Bestimmungen wieder angewandt werden müssen, weil die ihre Anwendung bis 1945 hindernden Bestimmungen wieder verschwunden sind. Bei Konkurrenzen gelten die allgemeinen Lösungsregeln.

Die von dem Kontrollrat getroffenen Anordnungen sind nicht gleichbedeutend mit Reichsrecht, die von den Zonenmilitärregierungen getroffenen sind nicht gleichbedeutend mit Landesrecht.

Weitere Arten des Verwaltungsrechts hinsichtlich des Geltungsbereiches gibt es nicht, also kein Provinzial- oder Kreisverwaltungsrecht oder dergleichen.

Hinsichtlich der angesprochenen Personen unterscheidet man für jedermann geltendes Recht und Sonderrecht für bestimmte Personenkreise. Diese Einteilung ist für das Verwaltungsrecht von größerer Bedeutung als für andere Rechtszweige, da sie in etwa der Einteilung in allgemeine Lehren und besondere Sachgebiete entspricht.

Hinsichtlich des ergriffenen Tatbestandes unterscheidet man gemeingültiges Recht und für einen besonderen Fall gültiges Recht. Spezialvorschriften sind im Verwaltungsrecht weit häufiger als bei anderen Rechtszweigen.

Hinsichtlich der Geltungskraft gibt es zwingendes und nachgiebiges Recht. Auch hier unterscheidet sich das

Verwaltungsrecht von anderen Rechtszweigen, indem es von der Möglichkeit der Anwendung nachgiebigen Rechtes stärkeren Gebrauch macht. Oft handelt es sich hierbei um die Grenzen, innerhalb deren das freie Ermessen einer Behörde wirken kann.

Hinsichtlich des Inhalts unterscheidet man Gebots-, Verbots- und Erlaubnissätze.

5. Abgrenzung zu anderen Rechtszweigen des öffentlichen Rechts.

Der Begriff des Verwaltungsrechts leidet unter denselben Unklarheiten wie der Begriff der Verwaltung selbst. Klarer wird er erst erkennbar bei der Abgrenzung von anderen Rechtsmaterien.

Deutlich ist der Unterschied zum Völkerrecht, das die Interessen staatlicher Verbände und ähnlicher Gebilde im Verhältnis zu einander schützen will.

Über die Grenze zum Staatsrecht ist eine einheitliche Meinung nicht herzustellen. In neuerer Zeit hat man sich dahin geeinigt, den Vorgang der Gesetzgebung, obwohl er dynamisch ist, zum Staatsrecht zu rechnen. Zu diesem Rechtszweig gehört ferner alles das, was den Staat erst handlungsfähig macht. Auf den Grundlagen baut dann die Tätigkeit des Staates auf, welche das eigentliche Leben mit ihrer Dynamik erfüllt. Diese Tätigkeit ist das Gebiet des Verwaltungsrechts.

6. Verwaltungsrecht und Privatrecht.

Der Unterschied ist leicht festzustellen, wenn der Gesetzestext selbst die Anwendung des einen oder anderen Rechtszweiges anordnet. Dies ist jedoch sehr häufig nicht der Fall, vor allem nicht dort, wo das Reichsrecht die Regelung dem Landesrecht überlassen hat (Art. 56—152 EGBGB.). Deshalb muß nach Richtlinien gesucht werden, welche eine Zuweisung zu der einen oder anderen Rechtsmaterie auch dann ermöglichen, wenn der Gesetzestext schweigt.

Die grundsätzliche Einteilung kann nach verschiedenen Gesichtspunkten vorgenommen werden:

Es ist möglich, als Verwaltungsrecht alle im Interesse der öffentlichen Verwaltung vorgenommenen Staatshandlungen zu bezeichnen, gleichgültig ob es sich um hoheitliche, nichthoheitliche oder fiskalische Angelegenheiten handelt. Das ist z. B. die Ansicht des französischen Rechts.

Es ist ferner möglich, jede Verwaltungsangelegenheit dadurch nicht mehr als öffentlich-rechtliche Streitigkeit, sondern dem bürgerlichen Recht angehörig anzusehen, daß der sie bearbeitende Beamte wie ein Privatmann behandelt wird, sobald der Betroffene eine Überschreitung der Amtsbefugnisse behauptet. Das ist z. B. die Ansicht des englischen Rechts.

Nach der herrschenden deutschen Ansicht ist ursprüngliches Verwaltungsrecht alles, was den Verwaltungsakt als Tatbestand betrifft, gleichgültig, in welchem Gesetz er behandelt wird (z. B. § 22 BGB., Bestimmungen des Familien- und Erbrechts). Als dem Verwaltungsrecht ursprünglich angehörend sind ferner alle Rechtsverhältnisse anzusehen, auf deren Grundlage Verwaltungsakte vorgenommen werden sollen oder können (z. B. Verhältnis des Beamten zum Staat). (Subjektionstheorie.)

Nur im abgeleiteten Sinne verwaltungsrechtlichen Normen unterfallen einzelne Rechtsverhältnisse insbesondere durch Umkehrung oder Abwicklung. Umkehrung liegt dann vor, wenn von einem zunächst als Verwaltungsakt angesehenen Vorgang späterhin behauptet wird, er sei privatrechtlich. Unter Abwicklung versteht man die Folgen, die sich aus einem öffentlich-rechtlichen Rechtsverhältnis ergeben und hinsichtlich welcher im einzelnen geprüft werden muß, ob sie dem öffentlichen oder privaten Recht unterfallen (z. B. § 56 Ziffer 5 pr. Zuständigkeitsgesetz).

7. Vorfragen.

a) Grundregel.

Trotz des Grundsatzes der Trennung der Gewalten besitzt jede Behörde, die für die materielle Beurteilung eines Rechtsverhältnisses zuständig ist, die Befugnis, über alle für ihre Entscheidung erheblichen Vorfragen zu entscheiden, soweit das für ihre eigene Entscheidung nötig ist. Die Entscheidung über die Vorfragen nimmt an der Rechtskraft nicht teil.

Die Grundregel über die Behandlung der Vorfragen erleidet Ausnahmen.

b) Vorfragen im Zivilprozeß.

Um den Begriff der Vorfrage zu klären, muß zunächst derjenige der Hauptfrage festgelegt werden. Hauptfrage ist dasselbe wie Streitgegenstand oder geltend gemachter Anspruch gemäß § 322 ZPO. Die Gerichte sind nicht befugt, Hoheitsmaßnahmen als prozessuale Hauptfragen auf ihre Recht- und Zweckmäßigkeit zu prüfen.

Ausnahmsweise als Hauptfrage nachprüfbar ist ein Verwaltungsakt nur dann, wenn es sich um einen dem Bereich hoheitlicher Betätigung unzweifelhaft fremden, gesetzlich überhaupt nicht zu rechtfertigenden Akt reiner Willkür handelt (RGZ. 164, 15; 135, 10). Eine weitere Ausnahme bildet die Beurteilung schuldhafter Amtspflichtsverletzungen eines Beamten aus dem Gesichtspunkt der Schadenshaftung nach § 839 BGB., Art. 131 WRV. Auch hier kann der Verwaltungsakt als Hauptfrage nachgeprüft werden (RGZ. 167, 314).

Vorfragen sind bedingende Rechtsverhältnisse. Sie können im Prozeß von beiden Parteien vorgebracht werden. Beruft sich der Kläger darauf, so sind sie nur dann Vorfrage, wenn sie neben der Hauptfrage, die für die Bestimmung des ordentlichen Rechtsweges nach § 13 GVG. maßgeblich ist, vorgetragen werden. Der Streit wird dabei häufig darum gehen, ob das klägerische Vorbringen wirklich so zu qualifizieren ist, wie der Kläger es wünscht.

Wenn sich der Beklagte auf im öffentlichen Recht wurzelnde Gegenrechte beruft, so sind sie Vorfrage selbst dann, wenn anderes Vorbringen nicht vorhanden ist.

Als Vorfrage darf das ordentliche Gericht über Gültigkeit und Entstehen eines Verwaltungsaktes entscheiden. Das Gericht muß das aber nicht tun, sondern kann das gerichtliche Verfahren bis zur endgültigen Klärung im Verwaltungsverfahren aussetzen (§ 148 ZPO., DRZ. 1947, 415; 1948, 140). Wenn das Gericht ausgesetzt und die Verwaltungsbehörde entschieden hat, ist das Gericht dennoch nicht an diese Entscheidung, sofern sie von ihm als Vorfrage zu prüfen ist, gebunden (RGZ. 99, 12).

Wenn das Gericht sich entschließt, nicht auszusetzen, sondern den Verwaltungsakt auf seine Wirksamkeit oder Unwirksamkeit hin als prozessuale Vorfrage zu prüfen, so kann sich die Prüfung auf jede Art der Unwirksamkeit erstrecken. Denn nicht wirksame Verwaltungsakte können von jedermann als nicht vorhanden angesehen werden, ohne daß eine formelle Kraftloserklärung nötig wäre [4].

[4]) Näheres hierüber bei Bettermann, in: DRZ. 1948, 140.

Selbst dann wenn Klarheit über die theoretische Abgrenzung von Haupt- und Vorfragen mit den jeweils ganz verschiedenen rechtlichen Folgen herrscht, ist es oft schwer, den praktischen Einzelfall zu erkennen. Als Faustregel wird empfohlen, die Gegenprobe aus § 148 ZPO. zu machen. Wo eine Aussetzung möglich ist, also wohl immer dann, wenn das Gericht auf dem Standpunkt steht, daß eine Verwaltungsentscheidung innerhalb der Verwaltung nachgeprüft werden kann, liegt eine Vorfrage vor.

Die Gerichte haben stets nur die Rechtmäßigkeit des Verwaltungsaktes nachzuprüfen, niemals die Zweckmäßigkeit. Das gleiche gilt für die Ermessungsentscheidungen; auch sie können nur daraufhin nachgeprüft werden, ob freies Ermessen im Sinne des Gesetzes angewandt wurde oder ob Ermessensmißbrauch vorliegt.

Ausnahmsweise besteht Aussetzungszwang in einzelnen im Gesetz besonders angeführten Fällen (z. B. § 901 RVO., § 468 RAO.).

c) Nachfragen (Zulässigkeit des Rechtsweges).

Es gibt Fälle, wo aus dem öffentlich-rechtlichen Akt zivilrechtliche Beziehungen zwischen den Beteiligten entstehen. Dies ist möglich, wenn die Beteiligten, sei es auch unter Zwang der Behörde, einen von ihr gewünschten Vertrag abgeschlossen haben. Auf ein solches Verhältnis findet Privatrecht Anwendung (RGZ. 167, 281). Ein Rechtsverhältnis privatrechtlichen Inhalts kann kraft Gesetzes in besonders bezeichneten Fällen auch dann entstehen, wenn irgendein Vertragsabschluß zwischen den Parteien nicht stattgefunden hat. Hierbei wird aus einem Hoheitsakt unmittelbar ein bürgerliches Rechtsverhältnis erzeugt (z. B. Zwangsmietverträge nach dem Wohnungsmangelgesetz vom 26. 7. 1923 — RGBl. I, 754 —, Kontrollratsgesetz Nr. 18).

d) Vorfragen im Strafprozeß.

§ 264 StPO. ist auf die Beurteilung von Vorfragen öffentlichrechtlicher Natur analog anzuwenden (RGStr. 12, 1).

e) Privatrechtliche Vorfragen im Verwaltungsverfahren.

In diesem Verfahren können Vorfragen zivilrechtlichen Inhalts nicht nachgeprüft werden. Auch fehlt allen Verwaltungsbehörden einschließlich den Verwaltungsgerichten eine Aussetzungsbefugnis ähnlich § 148 ZPO. Selbst bei Auftreten zivilrechtlicher Vorfragen sind daher alle Verwaltungsverfahren zu Ende zu führen auch auf die Gefahr hin, daß zu einem späteren Zeitpunkt die Zivilgerichte zu gänzlich anderen Ergebnissen kommen.

8. Kompetenzkonflikte.

a) Befugnis der Gerichte.

Über die Frage, ob der ordentliche Rechtsweg zulässig ist, entscheidet das Gericht (§ 17 Abs. 1 GVG.). Hat das Gericht rechtskräftig entschieden, so kann seine Entscheidung von der Verwaltungsbehörde nicht mehr mit der Begründung beanstandet werden, es liege ein öffentlich-rechtliches und kein privatrechtliches Verhältnis vor. Umgekehrt jedoch kann das Gericht den von einer Verwaltungsbehörde überprüften Tatbestand nochmals unter dem Gesichtspunkt des Privatrechts prüfen. Bei seiner Entscheidung ist es unabhängig von der Entscheidung der Verwaltungsbehörde.

b) Arten der Kompetenzkonflikte.

Der positive Kompetenzkonflikt macht die Unzulässigkeit des Rechtsweges geltend. Er kann von der Verwaltungsbehörde oder dem Verwaltungsgericht erhoben werden, wenn ihrer Ansicht nach das ordentliche Gericht, das gemäß § 17 Abs. 1 GVG. die Zulässigkeit des Rechtsweges bejaht hat, nicht zuständig ist.

Der negative Kompetenzkonflikt kann von den Betroffenen oder Parteien erhoben werden, wenn sowohl die ordentlichen Gerichte als auch die Verwaltungsdienststellen sich zur Erledigung der Sache für unzuständig erklären. Voraussetzung ist, daß die Rechtsmittelwege erschöpft sind.

c) Zuständigkeitsgerichtshöfe.

Diese können gemäß § 17 Abs. 2 GVG. von den Ländern eingerichtet werden zur Entscheidung von Streitigkeiten zwischen den Gerichten und Verwaltungsbehörden oder Verwaltungsgerichten über die Zulässigkeit des Rechtsweges (Kompetenzkonflikt). Sie bezwecken eine Stärkung der Verwaltungsbehörden, denen durch die Anrufung des Kompetenzgerichtshofes die Möglichkeit gegeben wird, sich auch gegen eine abweichende Ansicht der Gerichte durchzusetzen. Wo Verwaltungsgerichtsbarkeit mit Generalklausel besteht, ist die Bedeutung des Kompetenzkonfliktes verringert. Dennoch sind insbesondere negative Kompetenzkonflikte möglich. I. a. sind noch keine neuen Kompetenzgerichte bestimmt. Für die britische Zone wird insoweit der Oberste Gerichtshof tätig (brit.VO. Nr. 165).

5. Kapitel
Quellen des Verwaltungsrechts

1. Begriff der Quelle.

Da das Verwaltungsrecht ein Zweig der gesamten staatlichen Rechtsordnung ist, ist es von den Quellen abhängig, aus denen die staatlichen Rechtsnormen fließen. Die Verwaltung ist dabei gerade diejenige Funktion, die weit mehr als andere staatliche Äußerungen mit dem Gesetzgeber bei der Schaffung von Sätzen konkurriert, die das gesamtstaatliche Wesen gestalten sollen. Als Rechtsquelle ist in diesem Zusammenhang anzusehen die Entstehungsursache eines Rechtssatzes. Rechtsquellen des Verwaltungsrechts sind so die Entstehungsursachen der Verwaltungsrechtssätze. Dabei ist man sich für die Zustände im modernen Staat darüber einig, daß Rechtssätze nur vom Staat gesetzt werden können.

2. Arten von Quellen.

Verwaltungsrechtssätze können in zwei Arten von Formen erscheinen. Entweder sind sie vom Staat durch einen besonderen äußerlich erkennbaren Akt gesetzt oder sie haben sich aus Gewohnheit gebildet. Diese beiden Arten von Rechtsquellen sind gleichwertig.

3. Gesetze.

Hierunter sind zu verstehen schriftlich formulierte Rechtsvorschriften, nach denen sich das Rechtsleben des Staates und im Staate abwickelt. Sie werden von der Stelle im Staat erlassen, die nach dem Verfassungsaufbau hierzu bestimmt ist, sogen. formelle Gesetze.

Sind, wie in Deutschland, mehrere nebengeordnete oder rangverschiedene Parlamente vorhanden, so muß festgelegt werden, welchen Rang die von den verschiedenen Stellen erlassenen Gesetze untereinander haben (Art. 13 WRV.).

Der gleiche Gesetzgeber kann zwei Arten von Gesetzen erlassen: Verfassungsgesetze, zu deren Erlaß und Abänderung in der Regel eine qualifizierte Mehrheit nötig ist, und einfache Gesetze.

Im organisatorischen Sinne liegt die Aufgabe des Erlasses von Gesetzen in den modernen Demokratien bei den Parlamenten. Ausnahmsweise können auch Gerichtsentscheidungen Gesetzeskraft haben (z. B. Art. 13 WRV. in Verbindung mit dem Ausführungsgesetz vom 8. 4. 1920 — RGBl. I, 510. § 6 Finanzausgleichgesetz vom 23. 6. 1923 — RGBl. I, 494).

Seit dem Mai 1945 gibt es keine selbständige deutsche Staatsgewalt mehr sondern nur noch deutsche Staatsgewalt, ausgeübt von den alliierten Großmächten. Unter Berücksichtigung von Art. 43 der Haager Landkriegsordnung von 1907 lassen die Okkupationsmächte grundsätzlich die bisherigen deutschen Gesetze bestehen (Kontrollratsgesetz Nr. 1 vom 20. 9. 1945).

So sind, sofern nicht durch die Militärregierung ausdrücklich Ausnahmen gemacht sind, die bisher geltenden Reichs- und Landesgesetze die Rechtsquelle des Verwaltungsrechts. Hinzukommen die neuen Gesetze der neuen Landtage und Zonen- oder Mehrzonenverwaltungen. Diese gelten mit der aus dem Völkerrecht stammenden Einschränkung, daß die Besatzungsmacht nur einen vorläufigen Zustand regelt und daß die endgültige Rechtsgestaltung in einem okkupierten Gebiet erst nach Rückkehr der Staatsgewalt in die Hände des besetzten Volkes vorgenommen werden kann. Das gleiche gilt für die unmittelbar durch die Militärregierung gesetzen objektives Recht schaffenden Anordnungen.

4. Gewohnheitsrecht.

Es entsteht durch ständige Übung mit der Überzeugung der Rechtsanwendung. Gerade bei der Differenziertheit der Verwaltung bildet sich hier eher Gewohnheitsrecht als bei übersichtlicheren Rechtszweigen.

Man unterscheidet Gewohnheitsrecht, das im ganzen Staatsgebiet gilt und Gewohnheitsrecht, das sich auf einen bestimmten örtlichen oder personellen Kreis beschränkt, die sogenannten Observanzen.

Außer diesen beiden Quellen kennt die bisherige Verwaltungslehre noch eine Anzahl weiterer Quellen und zwar Tatsachen mit ursprünglicher Rechtssatzwirkung, Rechtsverordnungen, autonome Satzungen und Quellen mit abgeleiteter Rechtssatzwirkung.

5. Normative Kraft des Faktischen.

Daß bestimmte aus dem normalen Ablauf der täglichen Ereignisse hinausragende Tatsachen Rechtskraftwirkung haben sollen, ist ein insbesondere bei Revolutionen immer wieder auftauchender Gedanke [1]. Diese höchst bestrittene Frage ist von der Rechtswissenschaft nicht zu lösen, da ihre Lösung lediglich von politischen Auffassungen bestimmt ist.

6. Rechtsverordnungen.

Während die bisher behandelten Rechtsquellen meist als ursprüngliche bezeichnet werden, nennt man die nun folgenden abgeleitete Rechtsquellen. Schon dieser Begriff ist bedenklich, denn eine Quelle kann nicht abgeleitet sein. Aus der Rechtsquelle Satzung und Gewohnheitsrecht können somit weitere Rechtsquellen nicht hervorgehen. Ob innerhalb des Staates noch weitere Quellen anerkannt werden, die für die Verwaltung bindende Rechtsvorschriften setzen können, muß von der im Staat vorhandenen Staatsgewalt entschieden werden. Zur Zeit des Absolutismus zum Beispiel galten die Äußerungen des Monarchen als Rechtsquelle. In Erinnerung an diese Vorgänge glaubte man auch im konstitutionellen Staat und der parlamentarischen Demokratie den leitenden Staatsstellen, die nicht Gesetzgebungskörperschaften sind, die Befugnis geben zu sollen, als Rechtsquelle tätig zu werden oder Äußerungen, die als Rechtsquelle anzusehen sind, tun zu können. Diese sog. formellen Verordnungen oder Rechtsverordnungen enthalten die Anordnung einer Rechtsregel, die an und für sich nach dem Grundsatz der Gewalterteilung nicht Sache der Verwaltung sondern der gesetzgebenden Gewalt ist. Sie sind nur der Form nach Verordnungen. Sachlich treten sie an die Stelle eines Gesetzes und haben dessen Wirkung. Aus diesem Grunde werden sie auch als materielle Gesetze bezeichnet. Zu unterscheiden sind: Notverordnungen, von manchen gesetzesvertretende Verordnungen genannt, Ausführungsverordnungen, Polizeiverordnungen und sonstige Rechtsverordnungen.

Das Notverordnungsrecht nach der WRV ist verschwunden. Einige der neuen Länderverfassungen geben den Re-

[1]) So eingehend für die Ereignisse der Jahre 1918 und 1919 Jellinek, Verwaltungsrecht, 118. Ferner RGZ. 103, 187. Für die Ereignisse 1933: von Köhler, Grundlehren des deutschen Verwaltungsrechts. 1935, 59.

gierungen unter verfassungsmäßig genau bestimmten Voraussetzungen das Recht zum Erlaß von Verordnungen mit Gesetzeskraft.

Der Erlaß von Polizeiverordnungen ist in der britischen und amerikanischen Zone weitgehend eingeschränkt[2]). Bisher behandelten sie vorwiegend polizeiliche Tatbestände. Wo nun die Wahrnehmung polizeilicher Aufgaben auf die allgemeine Verwaltung übertragen ist, sind Polizeiverordnungen ihrem Wesen nach Ausführungsverodnungen. Im übigen hängt es vom Gesetzgeber ab, ob er der Verwaltung auf polizeilichem Gebiet Rechtssetzungsbefugnis überläßt.

Ausführungsverordnungen werden trotz immer wieder auftauchender Bedenken als Rechtsquellen charakterisiert. Die bisherigen gesetzlichen Unterlagen zwingen hierzu nicht. Der dem Wesen des Rechtsstaates entsprechende Grundsatz der Gewaltentrennung hat nur dann Wert, wenn er nicht durch Ausnahmen bis zur Unkenntlichkeit entstellt wird. Eine derartige Ausnahme ist nach der noch herrschenden Ansicht die sehr weitgehende Befugnis der Verwaltung zur Gesetzgebung durch Rechtsverordnungen, die im allgemeinen Ausführungsverordnungen sind. Die Verwaltungsbehörden treten nur dann nicht als dem Parlament tatsächlich in Rechtssetzungsangelegenheiten gleichberechtigte Rechtssetzungsstellen in Erscheinung, wenn die Ausführungsverordnungen als allgemeine Verwaltungsakte angesehen werden[3]).

Darüber, was unter sonstigen Rechtsverordnungen zu verstehen ist, herrscht keine Einigkeit. Schon aus diesem Grunde ist es zweckmäßig, solche Äußerungen der Verwaltung ebenfalls als Verwaltungsakte anzusehen.

Die gegenwärtigen Landesregierungen und Einzonen- oder Mehrzonenämter erlassen zahlreiche Anordnungen, die sie selbst als Rechtsverordnungen bezeichnen. Bei den Äußerungen der Landesregierungen oder einzelner Minister handelt es sich in aller Regel um Ausführungsverordnungen, die als Verwaltungsakte zu charakterisieren sind. Die „Rechtsverordnungen“ der Zonen-

---

[2]) Vgl. unten 15. Kapitel.

[3]) Vgl. unten 6. Kapitel. Sehr ausführlich wurde diese Frage behandelt durch den 8. Ausschuß der verfassunggebenden deutschen Nationalversammlung über den Entwurf einer Verfassung des Deutschen Reichs, (Protokolle S. 166 ff.) Die nicht in den Gedankengängen der konstitutionellen Lehre lebenden Ausschußmitglieder sahen die Ausführungsverordnungen nicht als Rechtsquellen an.

ämter[4]) enthalten häufig Bestimmungen, die nach rechtsstaatlicher Auffassung Inhalt eines formellen Gesetzes sein müßten. Es sind aber keine parlamentarischen Körperschaften vorhanden. So stellen sich die Zentralämter und ihre Maßnahmen als von der Militärregierung geschaffene Not- und Übergangslösung dar. Die Militärregierung benutzt eine deutsche Behörde oder schafft eine deutsche Dienststelle, um Aufgaben zu erledigen, die sich aus dem Zustand der Besatzung ergeben. In welcher Weise sie das tut, ist von völkerrechtlichen Gesichtspunkten abhängig Mit staats- oder verwaltungsrechtlichen Maßstäben sind diese Behörden und ihre Maßnahmen nicht zu messen. Die von ihnen erlassenen „Rechtsverordnungen" sind also weder ein Argument für noch gegen den Bestand einer solchen Einrichtung.

Vieles von dem, was als Rechtsverordnung bezeichnet wird, kann so richtiger als Verwaltungsanordnung, also als Verwaltungsakt charakterisiert werden[5]).

7. Weitere Rechtsquellen.

Die herrschende Lehre kennt als weitere Rechtsquelle die autonome Satzung. Unter Autonomie ist im Verwaltungsrecht das Körperschaften des öffentlichen Rechts zustehende Recht zu verstehen, für ihren Bereich Rechtssätze für eine unbestimmte Zahl von Fällen gegenüber einer unbestimmten Zahl von Personen aufzustellen. Die wichtigsten Beispiele sind die Geschäftsordnungen der Parlamente und die Ortssatzungen der Gemeinden und Gemeindeverbände. Im parlamentarischen Rechtsstaat indessen bedürfen die Parlamente keiner von der übrigen Staatsgewalt losgelöster Autorität mehr. Deshalb ist es bedenklich, von einer eigenen Autonomie dieser in das Staatsganze an hervorragender Stelle eingebauten Körperschaften zu sprechen. Die Ortssatzungen sind Verwaltungsakte, die die öffentlich-rechtlichen Gebietskörperschaften im Rahmen der ihnen vom Staat überlassenen Selbstver-

---

[4]) Z. B. Verordnungsblatt der Vereinigten Wirtschaftsgebiete Frankfurt a. M. 1947 ff. Verordnungsblatt für die britische Zone. Amtliches Organ zur Verkündung von Rechtsverordnungen der Zentralverwaltungen. Hamburg 1947 ff. Zentralverordnungsblatt, Berlin 1946 ff. Für die französische Zone gibt es an zentralen Veröffentlichungen nur das Journal officiel.

[5]) Die Bedenken gegen die Rechtsverordnung als Rechtsquelle sind nicht neu. Vgl. Deutsches Recht 1938, 224; 1939, 47.

waltung setzen. Sie sind zwar ein Akt der Willensbildung, treten aber nur als Verwaltungsmaßnahme in Erscheinung, wobei sie der Durchführung der einzelnen Selbstverwaltungshandlungen vorangehen und sie steuern.

Bei den sonstigen als Rechtsquellen mit abgeleiteter Rechtssatzwirkung bezeichneten Vorgängen handelt es sich um Tatsachen, die für die Auslegung der gesetzlichen Bestimmungen bedeutungsvoll sind. Mit derartigen Umständen hat jede gesetzliche Regelung zu rechnen. Denn das Leben und seine Entwicklung ist ständig im Fluß. Dadurch ändern sich die Begriffe und häufig auch die Wortbedeutungen. Soll ein Gesetz nicht veralten, so darf die es anwendende Stelle nicht am Buchstaben kleben und mit ihm nur dasjenige verbinden, was die das Gesetz schaffenden Menschen im Augenblick seines Entstehens damit verbunden haben. Vielmehr ist das Gesetz den veränderten äußeren Umständen anzupassen, ohne ihm Gewalt anzutun. Das gerade ist eine der wichtigsten Aufgaben der ein Gesetz anwendenden Stellen. Solches Vorgehen kann aber nicht als Rechtsquelle angesprochen werden.

6. Kapitel
Subjekte des Verwaltungsrechts

1. Personen in Verwaltungsrechtsverhältnissen.

Die Stellung der Personen im Verwaltungsrechtsverhältnis wird beherrscht durch die überragende Stellung des Staates. Dabei ist es gleichgültig, ob der Staat selbst in Erscheinung tritt oder ihm ursprünglich zustehende Rechte durch andere, z. B. mit Enteignungrechten ausgestattete Gesellschaften, wahrnehmen läßt. Auch auf Seiten des Gewaltunterworfenen bleiben die öffentlichen Rechte und Pflichten grundsätzlich an der Person haften. Weit mehr als im Privatrecht wird im Verwaltungsrecht das Rechtsverhältnis von der Person beherrscht. Grundsätzlich gibt es keine Sonder- oder Gesamtrechtsnachfolge.

2. Privatrechtssubjekte im Verwaltungsrecht.

Jede Person im Sinne des Privatrechts kann auch als Subjekt des Verwaltungsrechts auftreten.

Hinsichtlich der natürlichen Personen enthält das Verwaltungsrecht zahlreiche Vorschriften, die sich eng mit Bestimmungen des Privatrechts berühren oder mit ihnen verzahnt sind, so z. B. im Registerwesen, Namensrecht. Alter und geistige Reife werden in verschiedenen Bestimmungen geregelt, wobei die zu beachtenden Altersstufen zahlreicher sind als im Zivilrecht. Die Prozeßfähigkeit im Verwaltungsstreitverfahren wird meist nicht besonders erwähnt. Hier gelten dann die entsprechenden Bestimmungen des BGB. und der ZPO. Für die Straffähigkeit gelten meist die allgemeinen Bestimmungen des Strafrechts und Strafprozeßrechts.

Der Bestand einer besonderen Verwaltungsfähigkeit zur Entgegennahme von Verwaltungsakten und zu Erklärungen dem Staat gegenüber wird von der herrschenden Lehre nicht mehr angenommen. Dieser Auffassung ist zuzustimmen, weil der Begriff einerseits unklar ist und andrerseits nichts neues bringt. Das gleiche gilt für den häufiger benutzten Begriff der Polizeifähigkeit, die demjenigen anhaften soll, an den sich die Polizei durch eine Verordnung oder Verfügung wenden kann. Adressat jeder Verwaltungsmaßnahme kann jeder Mensch sein. Auch ein unmündiges Kind kann als Auskunftsperson dienen. Welche Folgen sich aus Verwaltungsmaßnahmen in bezug auf die Persönlichkeit des Betroffenen ergeben, richtet sich nach Zivil- oder Strafrecht.

Die Behandlung juristischer Personen des Privatrechts im Verwaltungsrecht unterscheidet sich kaum von derjenigen der natürlichen Personen. Die Typen der privatrechtlichen juristischen Personen sind durch das Reichsrecht festgelegt. Es steht dem Landesrecht demnach nicht frei, neue dem Reichsrecht unbekannte Typen einzuführen. Vielmehr ist es an die Regelung des Reichsrechts gebunden.

3. Der Staat.

Der Staat ist dasjenige Subjekt des Verwaltungsrechts, welches am häufigsten den bisher genannten Subjekten des Verwaltungsrechts entgegentritt.

Nicht gleichbedeutend mit dem Begriff Subjekt des Verwaltungsrechts ist die Bezeichnung Träger der öffentlichen Verwaltung. Dies kann für die Auffassung, die von der Einheit des

Imperiums ausgeht, nur der Staat sein. Andere Stellen als der Staat können Verwaltung nur als seine Delegierten ausüben.

Der Staat kann an einem Verwaltungsrechtsverhältnis aktiv beteiligt sein. Dann liegt einer der Fälle vor, mit denen sich das Verwaltungsrecht normalerweise zu befassen hat. Er kann an Verwaltungsrechtverhältnissen aber auch passiv beteiligt sein, indem z. B. die Polizei von einer für die Verwaltung eines staatseigenen Gebäudes verantwortlichen Dienststelle die Einhaltung polizeilicher Bauvorschriften verlangt. Tritt hier der Staat als Fiskus auf, so wird er behandelt wie jeder Privatmann (pr.OVG. 70, 238; 72, 288). Er ist dann allen Verwaltungsanordnungen unterworfen. Tritt jedoch der Staat als Hoheitsträger auf, so wird er grundsätzlich von den Verwaltungsmaßnahmen anderer der hoheitlich auftretenden Behörde nicht vorgesetzten Behörden nicht berührt (RGSt. 59, 404. RGZ. 55, 55. pr.OVG. 61, 274. 80, 253). Falls sich mehrere Behörden nicht einigen können, entscheidet die gemeinsame höhere Instanz, zuletzt zur Zeit die zonale Spitzenbehörde, Landesregierung oder das Parlament.

4. Öffentlich-rechtliche Körperschaften.

Der Staat kann durch Gesetz oder Verwaltungsakt die ihm zustehenden subjektiven Befugnisse auf andere durch Personenmehrheiten gebildete Stellen übertragen. Diese Stellen werden hierdurch zu Subjekten des Verwaltungsrechts und juristischen Personen des öffentlichen Rechts. Derartige Personenmehrheiten bezeichnet man als Körperschaften. Ihren Organen gebührt eine obrigkeitliche Stellung. Die innere Verwaltung einschließlich der Ausgleichung innerer Streitigkeiten geschieht auf verwaltungsrechtlichem Wege. Für die Haftung nach außen ist jedoch § 89, 31 BGB. zu beachten.

Nicht immer leicht ist die Unterscheidung einer Körperschaft des öffentlichen Rechts von einer juristischen Person des Privatrechts. Merkmale einer Körperschaft des öffentlichen Rechts sind insbesondere: Das öffentliche Interesse an ihrem Bestand ist vorwiegend; nur sie kennt Zwangsmitgliedschaft; sie untersteht der direkten Staatsaufsicht oder der Aufsicht einer höheren öffentlichrechtlichen Körperschaft; sie hat die Fähigkeit, Anordnungen für einen bestimmten Personenkreis zu erlassen; sie wird im allgemeinen durch Beamte oder diesen in der Rechtsstellung gleichstehenden Personen verwaltet.

Werden grundsätzlich alle natürlichen Personen, die auf einem Gebiet wohnen, Mitglieder der Körperschaft, so liegt eine Gebietskörperschaft vor. Sind in der Person begründete Merkmale maßgeblich, so handelt es sich um eine Personenkörperschaft.

5. Gebietskörperschaften.

Die wichtigsten öffentlich-rechtlichen Gebietskörperschaften sind die Gemeinden und Gemeindeverbände. Gemeinden sind öffentlich-rechtliche Gebietskörperschaften, die aus Einzelpersonen bestehen und denen die Selbstverwaltung ihrer Angelegenheiten nach Maßgabe des Gesetzes obliegt. Die Gemeindeverbände weisen die gleichen Merkmale auf mit dem Unterschied, daß sie nicht aus Einzelpersonen sondern aus Gemeinden bestehen.

Die Rechtsbeziehungen sind geregelt im lokalen Selbstverwaltungsrecht oder Kommunalrecht. Der Wiederaufbau dieses Rechtszweiges erfolgte, wenn auch uneinheitlich für die verschiedenen deutschen Gebiete, sehr bald nach dem Zusammenbruch. Es handelt sich zunächst weitgehend um vorläufige Regelungen, während die Bestrebungen, zu einer einheitlichen Lösung oder doch wenigstens zu einer übersichtlichen Gesamtregelung zu kommen, noch im Gang sind [1]).

6. Personenkörperschaften.

Die wichtigsten Typen sind Berufsverbände und Sonderverbände örtlich Beteiligter. Daneben gibt es noch Sondereinrichtungen, wie z. B. früher der Deutsche Gemeindetag [2]) oder das Deutsche Rote Kreuz [3]).

Das Recht der Kirchen als Religionsgesellschaften ist ein besonderer Zweig des kirchlichen Verwaltungsrechts und wird im Zusammenhang mit dem Kirchenrecht abgehandelt (Art. 137 Abs. 5 WRV.).

---

[1]) Näheres vgl. meine: Politische Selbstverwaltung, Köln 1948. (Gewerkschaftliche Schriftenreihe.)

[2]) Gesetz vom 15. 12. 1933 — RGBl. I, 1065 —. Der Gemeindetag nach diesem Gesetz besteht nicht mehr. Städte, Landkreise, kreisangehörige Städte sind z. Z. in besonderen Organisationen zusammengefaßt, die keine öffentlich-rechtlichen Körperschaften sind.

[3]) Gesetz vom 9. 12. 1937 — RGBl. I, 1330.

Zu den Berufsverbänden gehören nicht sämtliche Zusammenschlüsse von Handwerkern und Fabrikanten, sondern nur die im Gesetz. insbesondere der Gewerbeordnung geregelten Arten des Zusammenschlusses in Innungen und Handwerkskammern. Für den Handel maßgeblich sind die Industrie- und Handelskammern, für die Landwirtschaft die Landwirtschaftskammern. Zu nennen sind ferner die Vertretungen bestimmter Berufe, wie z. B. der Rechtsanwälte, Ärzte, Tierärzte, Apotheker[4]).

Sodann gibt es Berufskörperschaften mit Sonderzwecken, wie die Sozialversicherungsträger (Krankenkassen, Berufsgenossenschaften, Versicherungsanstalten — § 3 RVO —, Reichsversicherungsanstalt für Angestellte — § 93 AngVG —, Reichsknappschaft — § 7 ReichsknappschaftsG —, Reichsanstalt für Arbeitsvermittlung und Arbeitslosenversicherung — § 1 AVALG) oder die entsprechenden in den Zonen oder Ländern an ihre Stelle getretenen Einrichtungen oder Unterorganisationen[5]).

Sonderverbände örtlich Beteiligter sind anzutreffen auf dem Gebiet des Wasserrechts, nämlich die Wassergenossenschaften, Deichverbände und Fischereigenossenschaften[6]). Von weniger großer Bedeutung sind die Waldgenossenschaften, Bodenbewässerungsgenossenschaften und Landwirtschaftsverbände[7]).

In Verfolg der „Gleichschaltung" wurden nach 1933 viele Personenkörperschaften umorganisiert. Die Folge davon ist, daß nach 1945 in weitem Umfang neue Rechtsgrundlagen geschaffen werden müssen oder ältere Rechtsgrundlagen wiederaufleben. Das führt zu Unklarheiten, so daß das Recht der Personenkörperschaften weit weniger zielstrebig wiederaufgebaut wird als dasjenige der Gebietskörperschaften[4]).

7. Stiftungen des öffentlichen Rechts.

Stiftungen im öffentlichen Recht sind genau wie diejenigen des Privatrechts zu juristischen Personen erhobene Vermögensmassen.

---

[4]) Vgl. hierzu im einzelnen unten 16. Kapitel, Berufsverbandsrecht.

[5]) Rechtsgrundlage ist weitgehend die RVO.

[6]) Z. B. pr. Wassergesetz i. d. F. vom 25. 7. 1933 — GS. S. 274; pr. Fischereigesetz i. d. F. vom 18. 1. 1934 — GS. 13.

[7]) Z. B. pr. Gesetz vom 6. 7. 1875 — GS. 185.

Sie werden meist durch die mit ihrer Begründung in Zusammenhang stehende gesetzliche Bestimmung als dem öffentlichen Recht zugehörig gekennzeichnet. Ist das nicht der Fall, so bleibt als einziges Unterscheidungsmerkmal gegenüber den Stiftungen des Privatrechts die Ausübung hoheitlicher Befugnisse.

Auch für Stiftungen des öffentlichen Rechts gilt gemäß § 89 BGB. die Bestimmung des § 31 BGB.

8. Anstalten des öffentlichen Rechts.

Dieser Typ der juristischen Person ist dem Privatrecht unbekannt.

Anstalten sind kraft positiver Gesetzesbestimmung mit Rechtspersönlichkeit ausgestattete Einrichtungen. Unter Einrichtung ist hierbei eine Verbindung sachlicher und persönlicher Unterlagen mit einer planmäßigen Tätigkeit zu verstehen.

Nicht jede Einrichtung, die als Anstalt bezeichnet wird, ist daher auch Anstalt im rechtlichen Sinn. Selbst Gesetzestexte sind nicht immer korrekt. So ist z. B. die Reichsanstalt für Arbeitsvermittlung eine Körperschaft — Gesetz vom 12. 10. 1929 — RGBl. I, S. 162.

Da die Anstalten durch spezielle Gesetzesbestimmungen ins Leben gerufen werden, enthalten die Gesetze auch meist Vorschriften über die Art und Weise ihres Entstehens und Fortbestehens. Infolgedessen ist es kaum möglich, für die Anstalten gemeinsame Regeln zu finden.

Der öffentlich-rechtliche Charakter der Anstalt äußert sich in zwei Richtungen:

Die in ihr verkörperten Gemeininteressen überragen alle Einzelinteressen. I. a. gibt es gegen Störungen durch die Anstalt keine actio negatoria genau so wenig wie gegen Störungen durch Behörden (RGZ. 59, 70; 73, 270).

Die Anstalt hat ferner obrigkeitliche Befugnisse gegenüber ihren Benutzern. Die Beziehungen zwischen Anstalt und Benutzern richten sich nach öffentlichem Recht (RGZ. 73, 197). Nur soweit Dinge oder Personen gelegentlich einer zu anderem Zweck erfolgten Anstaltsbenutzung mit ihr in Berührung gekommen sind, kommen privatrechtliche Bestimmungen zur Anwendung (z. B. Kleider des Kranken oder Schülers, die aus dem Gewahrsam der Anstalt gestohlen wurden).

Anstalten sind oder waren z. B. die Physikalisch-technische Reichsanstalt, das Zentral-Post- und Fernmeldeamt der französischen Zone, das Jagd- und Fischereiamt der französischen Zone, der Werberat der deutschen Wirtschaft, das Reichsstudentenwerk, die Reichsbank[8]), die Deutsche Reichsbahngesellschaft[9]), die Reichsautobahnen[10]).

Landesrechtlich geregelt sind meist die Verhältnisse von Unterrichts- und Krankenanstalten, sofern es sich hierbei um Anstalten im Rechtssinn handelt.

Von großer Bedeutung für das Wirtschaftsleben sind die Anstalten der Gemeinden[11]).

9. Rechtsfähigkeit der Verwaltungsrechtssubjekte im Privatrecht.

Die Subjekte des Verwaltungsrechts besitzen auch Rechtsfähigkeit auf dem Gebiet des Privatrechts. Beim Staat selbst hat das zur Ausbildung oder modernen Ausgestaltung der Theorie über den Fiskus in den verschiedensten Formen geführt. Ähnlich haben auch die übrigen juristischen Personen des Verwaltungsrechts die Möglichkeit als Personen im Privatrecht aufzutreten. Das folgt aus § 89 BGB., der neben dem Fiskus die Körperschaften, Stiftungen und Anstalten des öffentlichen Rechts in gleichem Rang nennt.

7. Kapitel
Verwaltungsakte

1. Begriff.

Öffentliche Ansprüche und öffentliche Pflichten können unmittelbar durch das Gesetz Wirksamkeit erlangen. Dann braucht keine Tätigkeit einer Behörde zwischen Gesetzgeber und Staatsbürger zu treten.

---

[8]) Gesetz vom 30. 8. 1924/2. 7. 1939 — RGBl. I, 1015 —. Ob die Reichsbank eine Anstalt ist, ist bestritten!

[9]) Gesetz vom 30. 8. 1924 — RGBl. I, 379 —. Näheres über ihre Rechtsstellung enthalten RGSt. 59, 384 ff.; 60, 139 ff.; RGZ. 109, 90.

[10]) Gesetz vom 29. 5. 1941 — RGBl. I, 313 —. Die Dienststellen der Reichsautobahn sind zwar Reichsbehörden. Trotzdem ist sie selbst aber eine Anstalt.

[11]) Vgl. hierzu meine Politische Selbstverwaltung, 1948.

Es ist jedoch möglich, daß öffentliche Pflichten und Ansprüche erst wirksam werden, wenn sie von einer Staatsstelle, die nicht der Gesetzgeber selbst ist, ausgesprochen werden. Die Tätigkeit einer solchen Staatsstelle ist auch dann nötig, wenn der Staatsbürger trotz der unmittelbaren Wirkung der Äußerung des Gesetzgebers die Durchführung verweigert.

Die in diesen Fällen notwendig werdende Tätigkeit der Behörden geschieht durch Verwaltungsakte. Verwaltungsakte sind aus der großen Menge verwaltungsbehördlicher Maßnahmen herausgewachsene Akte, die wegen ihrer Wichtigkeit einer Sonderbehandlung unterfallen. Ein solcher Akt muß zunächst eine Willenserklärung enthalten. Bloße technische Maßnahmen oder interne Behördenanweisungen sind keine Verwaltungsakte. Er muß kraft hoheitlicher Gewalt ausgesprochen sein. Alle nicht-hoheitlichen oder fiskalischen Maßnahmen sind keine Verwaltungsakte. Er muß dem Staatsbürger sagen, was für ihn rechtens ist, wie er sich zu verhalten hat.

Jeder Verwaltungsakt muß eine gesetzliche Grundlage haben und zwar ist grundsätzlich für ihn im Gegensatz zum gerichtlichen Urteil nur eine einzige Rechtsgrundlage möglich, wobei jedoch nachträgliche Konversion innerhalb der Verwaltung — im Gegensatz zur Verwaltungsgerichtsbarkeit — für zulässig angesehen wird [1]).

Hängt eine Entscheidung von dem freien Ermessen einer Behörde ab, so steht es ihr frei, welche von mehreren möglicherweise vorhandenen Rechtsgrundlagen sie wählt. Sie kann, wenn sie mit dem zunächst geltend gemachten Rechtssatz nicht durchdringt, einen anderen anführen.

Diese Regelung entspricht dem Wesen der Verwaltung im Rechtsstaat. Einerseits soll Klarheit über die gesetzlichen Grundlagen der Verwaltungsmaßnahmen herrschen. Andererseits soll die Verwaltung ihre Aufgabe erfüllen können, die nicht darin besteht Rechtsgewißheit zu verschaffen, sondern darin, einen materiell dem Staat und der Allgemeinheit nützlichen Erfolg innerhalb der Schranken des Rechts zu erzielen.

Eine materielle Rechtskraft von Verwaltungsakten gibt es nicht (SJZ. 1948, Sp. 154). Eine Ausnahme besteht lediglich für die feststellenden Akte.

Ein Verwaltungsakt ist also eine auf einer bestimmten gesetzlichen Grundlage beruhende

[1]) Vgl. oben 3. Kapitel. (Bestritten!)

der Verwaltung zugehörende hoheitliche Willenserklärung, die dem Staatsbürger angibt, was für ihn rechtens ist.

2. Arten.

Die Tätigkeit der Verwaltung ist hinsichtlich des Adressaten in zwei Formen möglich:

Entweder sie wendet sich mit ihren Anordnungen an die Allgemeinheit. Sie ordnet eine bestimmte Materie, die ihr zur Ordnung vom Gesetzgeber überwiesen oder überlassen ist, durch allgemeine Anordnungen. Sie stellt allgemeingültige oder doch für einen größeren Personenkreis gültige Regeln auf. Diese Äußerungen der Verwaltung heißen Verordnungen.

Oder aber die Verwaltung wendet sich zur Regelung eines konkreten Einzelfalls an eine einzelne Person oder an einen dem Umfang nach beschränkten Personenkreis. Dann liegt eine Verfügung im allgemeinsten Sinne vor.

Voraussetzung ist immer, daß es sich um hoheitliche Maßnahmen handelt. Privatrechtliche oder rein tatsächliche Handlungen können nicht als Verwaltungsakt bezeichnet werden. Unter hoheitlichen Maßnahmen sind alle Verwaltungsmaßnahmen im gegenständlichen Sinn zu verstehen. Verwaltungsakte können daher auch gesetzt werden von Behörden, die keine Verwaltungsbehörden sind, z. B. von Justizbehörden auf dem Gebiet der Justizverwaltung [2]).

3. Verordnungen.

Verordnungen — früher und manchmal heute noch in laxer Ausdrucksweise Ordnungen, Erlasse, Regulative, Richtlinien, Anweisungen usw. genannt — wenden sich an eine unbestimmte Anzahl von Personen und regeln in abstrakter Weise eine unbestimmte Anzahl von Fällen. Dabei kann der Personenkreis seinem Umfang nach verschieden sein. Es gibt Verord-

---

[2]) Otto Mayer bezeichnet die von den Verwaltungsbehörden im organisatorischen Sinn vollzogenen Verwaltungsakte als solche im engsten Sinn und definiert sie als der Verwaltung zugehörige obrigkeitliche Aussprüche, die dem Untertanen gegenüber im Einzelfalle bestimmen, was rechtens sein soll — Deutsches Verwaltungsrecht, I, 213 —.

nungen, die sich an die gesamte Bevölkerung des Staates wenden und es gibt solche, die nur für einen wenn auch der Zahl nach unbestimmten, so doch dem Umfang nach beschränkten Personenkreis von Interesse sind. Zwischen diesen beiden Extremen bewegt sich eine große Skala von dem Umfang und dem Adressatenkreis nach verschiedenen Regelungen in Form von Verordnungen.

Die herrschende Lehre betrachtet nach außen sich zur Regelung eines abstrakten Tatbestandes an die Allgemeinheit wendende Verwaltungsmaßnahmen nicht als Verwaltungsakte, sondern als das Setzen objektiven Rechts.

Zu unterscheiden sind Notverordnungen und Ausführungsverordnungen. Von beiden gibt es verschiedene Arten. Notverordnungen können unmittelbar auf der Verfassung beruhen. Sie können aber auch auf Grund eines besonderen Gesetzes, meist Ermächtigungsgesetz genannt, erlassen werden. Diejenigen deutschen Verfassungen, die die Möglichkeit des Erlasses von Notverordnungen durch Verwaltungsstellen schaffen, fassen sie als Rechtsquellen auf. Ausführungsverordnungen ergehen entweder auf Grund von Anweisungen, die in bestimmten Gesetzen an die Verwaltung gegeben werden. Oder die Verwaltung beruft sich von sich aus auf bestimmte Gesetze, um die Recht- und Gesetzesmäßigkeit ihrer Maßnahmen zu erweisen. Auch derartige Verwaltungsvorschriften i. S. von Art. 77 WRV werden von der herrschenden Meinung als Rechtsquellen und nicht als Verwaltungsakte angesehen. Doch wird auch die Ansicht vertreten, daß es sich um Verwaltungsakte handele [3]).

Die Ausführungsverordnungen dienen vor allem dem Schließen im Gesetz vorhandener Lücken. Manchmal handelt es sich um absichtlich gelassene Lücken, durch die der Gesetzgeber die Anwendung des Gesetzes beweglicher gestalten will. Manchmal tritt das Bedürfnis zur Spezifikation eines im Gesetz erwähnten Tatbestandes aber auch erst nach dem Erlaß des Gesetzes auf. Auch dann ist es die Aufgabe der Verwaltung, die Lücken durch Verwaltungsmaßnahmen zu schließen, soweit dadurch der Rahmen des Gesetzes nicht gesprengt wird. Nur ausnahmsweise gibt der Gesetzgeber der Verwaltung die Ermächtigung, Gegenstände zu regeln, die im Gesetz überhaupt nicht erwähnt sind oder eine Regelung in Abweichung von den im Gesetz aufgestellten Grundsätzen vorzunehmen (z. B. pr.Besoldungsgesetz vom 17. 12. 1927, § 42).

---

[3]) Paul Laband, Das Staatsrecht des Deutschen Reichs. Tübingen 1911, II, S. 181 ff. zeigt schon die ganze Problematik dieser Frage.

Am wenigsten nach außen in Erscheinung treten Verwaltungsanweisungen für den inneren Behördendienst oder für eine von der übrigen Bevölkerung zu trennende Personengruppe, wie z. B. die Benutzer oder Besucher einer öffentlichen Anstalt. Diese Anweisungen unterscheiden sich dadurch von anderen, daß sie keine zweiseitig bindende Kraft haben. Infolgedessen kann sich niemand dem Staat gegenüber auf fehlende oder fehlerhafte Anwendung berufen. Der Beamte, der sie nicht beachtet, verletzt keine einem Dritten gegenüber obliegende Amtspflicht. Die herrschende Lehre bezeichnet solche Anordnungen im Anschluß an Laband Verwaltungsverordnungen[3]). Die Bezeichnung ist ein juristischer Kunstbegriff und nur nach langen Erklärungen verständlich. Daher ist für die hier bezeichneten Vorgänge die Bezeichnung Dienstanweisung oder Anstaltsordnung richtiger. Sie sind keine Verwaltungsakte, sondern technische Maßnahmen zur Durchführung der Verwaltung.

Für alle Arten von Verordnungen entstehen eine Reihe gleicher Folgen. Sie stehen im Rang hinter den Gesetzen. Durch sie werden sowohl Behörden als auch Staatsbürger gebunden. Die Behörde darf nicht im Einzelfall von der Anwendung ihrer eigenen Verordnung absehen mit der Begründung, sie stamme von ihr und könne daher jederzeit dauernd oder vorübergehend aufgehoben werden. Die Aufhebung einer Verordnung ist vielmehr nur nach den Vorschriften des Gesetzes möglich, genau wie ihr Erlaß. Allerdings braucht nach der herrschenden Praxis zwischen einer ursprünglichen und einer zweiten den Gegenstand in anderer Weise regelnden Verordnung kein neues Gesetz zu liegen. Das kann für den Betroffenen von Nachteil sein, ohne daß sich allgemein sagen ließe, wie diese Nachteile zu beheben sind. Zur Anwendung kommen die Regeln über fehlerhafte Verwaltungsakte. (Von h.M. bestritten!)

4. Verfügungen.

Verfügungen regeln einen konkreten Einzelfall einer einzelnen Person oder einer dem Umfang nach bestimmten Personengruppe gegenüber. Derartige Äußerungen der Verwaltung haben häufig große Ähnlichkeit mit Äußerungen der Justiz, weswegen es lange gedauert hat, bis sie endgültig auf das rein Verwaltungsmäßige im Gegensatz zu dem Urteilsmäßigen beschränkt wurden[4]).

---

[4]) Vgl. die Kontroverse zwischen Otto Mayer, I. 93 u. W. Jellinek, 217.

Einige deutsche Landesrechte kennen zwei Arten von Verfügungen: die Einzelverfügung, die sich zur Regelung eines konkreten Einzelfalles an eine einzelne Person oder einzelne Personengruppe wendet, und die Allgemeinverfügung, die sich zur Regelung eines konkreten Einzelfalles an eine unbeschränkt große Personenmehrheit wendet.

5. Zustandekommen der Verwaltungsakte.

Wie die gesamte Verwaltung so muß der einzelne Verwaltungsakt nach einem bestimmten Plan durchgeführt werden. Erforderlich ist deshalb eine Entschlußfassung und die darauffolgende Durchführung des Entschlusses. Erst wenn beides vorliegt, ist ein Verwaltungsakt vorhanden.

Die Entschlußfassung geschieht bei Kollegialbehörden meist durch Abstimmung, bei bürokratisch geordneten Behörden durch den Entschluß einer natürlichen Person, des im innern Dienstbetrieb zuständigen Beamten.

Die Durchführung kann eine tatsächliche Ausführung sein. Aber auch schon die Bekanntgabe nach außen kann das Vorliegen eines vollständigen Verwaltungsaktes anzeigen, wenngleich nach der Bekanntgabe möglicherweise noch zahlreiche Maßnahmen bis zu seiner vollen Durchführung erforderlich sind. Die strengen an Justizakte zu legenden Maßstäbe sind bei Verwaltungsakten nicht angebracht.

Die Bekanntgabe kann grundsätzlich formlos geschehen, äußerstenfalls auch durch stillschweigende Duldung. Ausnahmen müssen gesetzlich festgelegt sein.

6. Überprüfbarkeit.

Allgemeine Bestimmungen über die formelle Rechtskraft sind im Verwaltungsrecht nicht vorhanden. Es klärt die Lage nicht vollständig, dient aber doch der Verdeutlichung, wenn man die Verwaltungsakte zunächst danach betrachtet, welche Instanz oder Behörde sie erlassen hat. Der untersten Instanz stehen im allgemeinen alle Zurücknahme- und Änderungsmöglichkeiten zur Verfügung, die überhaupt denkbar sind. Rechtsmittelentscheidungen und Verwaltungsgerichtsentscheidungen dagegen sind grundsätzlich nicht aufhebbar oder abänderbar [5]). Doch sind auch hier die Regeln über den Widerruf zu beachten.

Außer diesem allgemeinen Satz müssen einzelne Sonderregeln beachtet werden. Grundsätzlich überprüfbar sind Akte, die in den gesetzlichen oder verwaltungsmäßigen Bestimmungen als Beurkundungen, Bescheinigungen usw. bezeichnet werden (z. B. §§ 415, Abs. 2, 418 Abs. 2; 164 ZPO.). Von vielen wird ein Verwaltungsakt dann für überprüfbar gehalten, wenn es ohne die Überprüfbarkeit an genügendem Rechtsschutz fehlen würde (Argument aus § 366 Ziff. 10 StGB. und Gesetz vom 28. 6. 1935 — RGBl. I, 839).

7. Einseitige und zweiseitige Verwaltungsakte.

Bei einem einseitigen Verwaltungsakt tritt handelnd nur der Staat oder ein sonstiger Träger öffentlicher Gewalt auf. Ihnen steht ein im wesentlichen passiv Betroffener gegenüber.

Ein zweiseitiger Verwaltungsakt besteht aus einer privaten Willenserklärung des einzelnen, die nach den Bestimmungen des bürgerlichen Rechts zu beurteilen ist, und einer Äußerung des Staates, für welche verwaltungsrechtliche Bestimmungen maßgeblich sind. Eine andere Art zweiseitige Verwaltungsakte geht von zwei gleichgeordneten Partnern aus. Bei ihnen kommt dann nur öffentliches Recht zur Anwendung. — Wenn für den zu regelnden Tatbestand rechtliche Gleichheit der Partner vorhanden ist, kann ein öffentlich-rechtlicher Vertrag abgeschlossen werden.

Manche kennen nur eine einzige Art von zweiseitigen Verwaltungsakten, die Verwaltungsakte auf Unterwerfung (Otto Mayer). Sie gehen davon aus, daß jeder Verwaltungsakt die mit ihm bezweckte Wirkung haben muß, gleichgültig ob der davon Betroffene zustimmt oder nicht. Diese Lehre konnte sich in der Praxis nicht durchsetzen.

8. Einteilung der Verwaltungsakte.

a) Formelle Gesichtspunkte.

Nachdem eine genaue Begriffsbestimmung des Verwaltungsaktes gegeben ist, ist eine Einteilung nach formellen Gesichtspunkten

5) Wertvolle Hinweise bei Schüle in: SJZ. 1948 Sp. 155.

nicht mehr nötig. Die von einer älteren Lehre vorgenommene Einteilung in Verwaltungsakte im weiteren Sinne, die auch privatrechtliche und rein tatsächliche Handlungen der Verwaltung umfassen sollen, in Verwaltungsakte im engeren oder eigentlichen Sinn, die man rechtsgeschäftliche Verwaltungsakte nannte und in Gegensatz zur Rechtssetzung setzte, und in Verwaltungsakte im engsten Sinne, die nur von Verwaltungsbehörden gesetzt werden können, ist überholt.

b) Inhaltliche Gesichtspunkte.

aa) Das ablehnende Verhalten.

Dieses Verhalten einer Behörde äußert sich entweder in Untätigkeit oder in einer ausdrücklichen Weigerung, einem Verbot.

bb) Gestaltende Verwaltungsakte.

Die wichtigsten Akte dieser Art sind solche, die ein Gebot oder ein Verbot enthalten. Sie sind die normalen Äußerungen der Polizei im weitesten Sinne. Dabei ist zu bemerken, daß das Verbot auch eine positive Regelung enthalten kann, indem derjenige, gegen den es ausgesprochen wird, auf einen anderen kraft Gesetzes vorhandenen Weg verwiesen wird.

Eine andere Art sind die eine Erlaubnis enthaltenden Verwaltungsakte. Durch sie wird ein grundsätzliches Verbot durch eine spezielle Erlaubnis, in Süddeutschland auch vielfach Dispens genannt, für den Einzelfall aufgehoben.

Konstitutive oder machtverleihende oder machtentziehende Verwaltungsakte geben der hierdurch betroffenen Person besondere Machtbefugnisse, welche sie über die Stellung sonstiger Staatsangehöriger hinaushebt, oder entziehen ihr derartige Befugnisse wieder (z. B. Patentverleihung, Konzessionen, Bergwerkseigentum, Volljährigkeitserklärung).

cc) Feststellende Verwaltungsakte.

Sie stellen die Rechtslage einzelner Personen fest und befinden sich hierdurch in unmittelbarer Nachbarschaft von Justizakten (z. B. Stellung der Betroffenen nach den Bestimmungen über die Wohnungszwangsbewirtschaftung, Feststellung der Verwaltungsbehörden bei Namensänderungen). Infolgedessen werden sie materiell rechtskräftig.

9. Gültigkeit und Ungültigkeit der Verwaltungsakte.

a) Gültige Verwaltungsakte.

Hierbei handelt es sich um solche, die fehlerfrei zustande gekommen oder doch nur mit geringen Fehlern behaftet sind und die unbedingte Wirksamkeit haben. Jeder Verwaltungsakt trägt die Vermutung seiner Richtigkeit und Gültigkeit in sich. Nur in genau festgelegten Fällen ist er ungültig. Das muß von demjenigen nachgewiesen werden, der sich darauf beruft.

b) Ungültige Verwaltungsakte.

Ungültig oder mangelhaft sind Verwaltungsakte, welche infolge von Fehlern nicht das erreichen können, was mit ihnen bezweckt war[6]).

Es gibt mehrere Arten der Ungültigkeit. Wegen der Vermutung der Richtigkeit sind Verwaltungsakte nur sehr selten nichtig oder, was dasselbe ist, unwirksam, nämlich nur bei besonders schweren Fehlern, wenn das Wohl des Staates es erfordert (RFH. 27, 258). Häufiger ist ein ungültiger Verwaltungsakt vernichtbar. Die Vernichtung kann erfolgen von Amtswegen durch Widerruf, Aufhebung, Änderung oder Zurücknahme. Oder der Angriff erfolgt durch den Betroffenen. Hier spricht man im allgemeinen von Anfechtung.

aa) Unwirksamkeit oder Nichtigkeit der Verwaltungsakte.

Sie ist nur vorhanden bei einem der im folgenden aufgezählten Möglichkeiten. Diese Akte brauchen nicht aufgehoben zu werden, sondern sie sind ohne weitere Verwaltungsmaßnahmen als nicht bestehend anzusehen.

Unwirksamkeit wegen Formfehlers liegt vor, wenn gesetzliche Formvorschriften nicht beachtet sind.

Unwirksamkeit wegen Verfahrensmängel liegt insbesondere vor, wenn die nach den in Betracht kommenden gesetzlichen Bestimmungen zu beteiligenden Personen nur mangelhaft oder überhaupt nicht teilgenommen haben. Das gleiche gilt für das Unterlassen von gesetzlich vorgeschriebenen Benachrichtigungen (DRZ. 1947, S. 133).

Unwirksamkeit wegen fehlender Machtbefugnis liegt vor, wenn man unter keinem denkbaren Gesichtspunkt eine Ermächtigung zum Erlaß des Aktes im Gesetz findet. Verwal-

---

[6]) Die Terminologie ist uneinheitlich. Jellinek, Verwaltungsrecht, bildet den Oberbegriff Ungültigkeit mit den Unterbegriffen Unwirksamkeit, Anfechtbarkeit und Widerrufbarkeit. Kormann, Verwaltungsrecht, 208 benutzt als Oberbegriff Unwirksamkeit, die er einteilt in Nichtigkeit und Anfechtbarkeit.

tungsakte, gesetzt durch beurlaubte Beamte, sind nicht unwirksam, wenngleich Amtsmißbrauch vorhanden sein kann. Die Maßnahmen geisteskranker Beamter sind nur unwirksam, wenn sie in sich unsinnig sind (RGSt. 56, 429. RG. in DJZ. 1928 Sp. 522. Geisteskrankheit eines Richters ist Revisionsgrund, nicht mehr!). Unwirksam sind die Handlungen von Nichtbehörden (z. B. Arbeiter- und Soldatenräte von 1918—19) oder von sachlich völlig unzuständigen Behörden (z. B. Maßnahmen nach dem Reichsleistungsgesetz durch Behörden, die keine Bedarfsstellen sind). Nicht mit der gleichen Einheitlichkeit unwirksam sind Verwaltungsakte örtlich unzuständiger Behörden. Hier entscheidet der Tatbestand des Einzelfalles (pr.OVG. 40, 301; 72, 277. RGZ. 102, 251). — Gleichgültig ist, ob die Handlung durch den Täter selbst gesetzt oder ob die zuständige Stelle gegebenenfalls durch Drohung als Werkzeug eines Dritten mißbraucht wird.

Schließlich ist denkbar, daß eine für den Fragenbereich zuständige Stelle eine Machtüberschreitung begeht, indem sie sich nicht an die gesetzlich festgelegten Grenzen hält (z. B. österr. Dispensehe bis 1925. Einführung von Sperrgebieten durch Verwaltungsstellen. — MDR. 1948, 153).

Unwirksamkeit wegen zu naher eigener Beteiligung liegt vor, wenn eine an der Sache selbst interessierte Behörde entscheidet (pr.OVG. 41, 25 ; 44, 18; 45, 265; 54, 345; 59, 466; 75, 95). Wenn ein Beamter in eigener Sache entscheidet, nimmt die herrschende Lehre im Verwaltungsrecht nur Anfechtbarkeit an in sinngemäßer Anwendung von §§ 579 Ziff. 2, 41 ZPO. — Nichtigkeitsgrund —, §§ 551 Ziff. 2, 41 ZPO., §§ 338 Ziff. 2, 22, 23 StPO. — absoluter Revisionsgrund [7]).

Unwirksamkeit wegen Willkür liegt vor, wenn der Verwaltungsakt ein in so hohem Maße fehlerhaftes Verhalten der Verwaltungsbehörde darstellt, daß er mit den an eine ordnungsgemäße Verwaltung zu stellenden Anforderungen schlechterdings unvereinbar ist (RGZ. 134, 15; 135, 110; MDR. 1948, S. 108).

Unwirksamkeit wegen unsittlichen Inhalts wird, anders als im bürgerlichen Recht gemäß §§ 148, 242 BGB., nicht anerkannt. Der Satz „naturrechtswidrige Staatsakte sind nichtig" ist falsch. So bleiben insbesondere auch Verwaltungsakte

---

[7]) Die Ansicht Bettermanns, MDR. 1948, 77, der für eine Unwirksamkeit solcher Akte eintritt, beruht auf einer Verwechslung der Befangenheit der Behörde, also der hier erwähnten ersten Möglichkeit, und einer solchen des entscheidenden Beamten.

aus der Zeit von 1933 bis 1945 grundsätzlich bestehen. Eine Aufhebung ohne individuellen Aufhebungsakt tritt nur dort ein, wo das Gesetz das ausdrücklich anordnet. Eine andere Lösung würde zu einer die allgemeine Ordnung sprengenden Unsicherheit führen (DRZ. 1947, 342).

Unwirksamkeit wegen Erschleichens ist ebenfalls als allgemeiner Satz dem Verwaltungsrecht nicht bekannt. Vielmehr ist die Erschleichung nur in einigen Gesetzen als ein Grund für die Zurücknahme des Aktes angeführt (z. B. § 78 RAO., §§ 142 ff. thür. Landesverwaltungsordnung v. 10. 6. 1926/26. 11. 1945).

bb) Anfechtbarkeit der Verwaltungsakte.

Anfechtbar sind solche Akte, zu deren Aufhebung die Behörde auf Grund eines Antrages verpflichtet ist. Im Gegensatz zum Zivilrecht fallen diese Akte mithin nicht durch die Anfechtungserklärung selbst in sich zusammen, sondern es bedarf noch einer behördlichen Maßnahme. Allgemeine Rechtssätze darüber, wann Verwaltungsakte anfechtbar sind, sind nicht vorhanden. Alle Unwirksamkeitsgründe sind auch Anfechtungsgründe, falls der Verwaltungsakt durch den Schein seines Bestehens den Betroffenen in seinen Interessen verletzt.

Von den besonderen Anfechtungsgründen des bürgerlichen Rechts spielt der Irrtum im Verwaltungsrecht eine geringe Rolle. Im Gegensatz zum Privatrecht sind hier die Grenzen unsicherer. Maßgeblich ist das Gewicht der konkurrierenden Interessen. Wenn die Allgemeinheit ein überwiegendes Interesse an der Anfechtbarkeit und der ihr folgenden Aufhebung eines durch Verkennung der Tatsachen zustandegekommenen Verwaltungsaktes hat, muß er aufgehoben werden.

Drohung ist deshalb ein Anfechtungsgrund, weil sie auch ein Grund der Unwirksamkeit ist.

Täuschung ist weitgehend gleichbedeutend mit dem Erschleichen eines Verwaltungsaktes und daher nicht ohne weiteres ein Anfechtungsgrund.

Von ausschlaggebender Bedeutung für die Anfechtung sind die Bestimmungen über Umfang und Möglichkeiten der Verwaltungsgerichtsbarkeit. Bei ihrer gesetzlichen Regelung ist im allgemeinen angegeben, ob und inwieweit über die Fälle der Unwirksamkeit hinaus Verwaltungsakte anfechtbar sind. Durch diese Bestimmungen werden dann auch Lücken ausgefüllt, die sich durch das Fehlen von Anfechtungsgründen wegen Irrtums und

Täuschung ergeben (z. B. § 35 süddeutsches Verwaltungsgerichtsbarkeitsgesetz 1946. — DRZ. 1947, 354).

cc) Widerruflichkeit der Verwaltungsakte. Ein gerichtliches Urteil ist wegen seiner formellen und materiellen Rechtskraft unwiderrufbar. Ein Verwaltungsakt jedoch kann grundsätzlich zurückgenommen, aufgehoben, abgeändert und berichtigt werden. Unter Widerruflichkeit wird insbesondere die Möglichkeit der Rücknahme eines begünstigenden Aktes gegen den Willen des Begünstigten verstanden. Die meisten Regelungen enthalten genaue Vorschriften über die Art und Weise des Widerrufs (z. B. § 142 thür.LVG., § 126 pr.LVG., § 53 GewO.).

Ausnahmsweise ist ein Verwaltungsakt unwiderruflich, wenn er eine der Form nach im Gesetz festgelegte Entscheidung trifft (z. B. § 76 Abs. 3 RAO.), wenn er kraft Gesetzes erlassen werden mußte (z. B. § 6 GewO.) — sonst würde Erlaß und Widerruf immer hin- und herpendeln —, wenn der Begünstigte im Vertrauen auf seinen Bestand das durch ihn genehmigte Werk bereits zu verwirklichen begonnen hat. Ein zweiseitiger Verwaltungsakt ist unwiderruflich, wenn ein Antrag abgelehnt und kein neuer Antrag gestellt ist (z. B. § 18 Abs. 1 FGG., § 75 RAO.). Unwiderruflich ist schließlich der Widerruf selbst.

8. Kapitel
Subjektiv-öffentliche Rechte

1. Bestand.

Den hauptsächlichsten rechtlichen Lebensäußerungen des Staates und der übrigen öffentlich-rechtlichen Körperschaften, den Verwaltungsakten, entsprechen auf Seiten der Gewaltunterworfenen rechtliche Pflichten und subjektive Rechte.

Das Maß der rechtlichen Pflichten ist die Kehrseite der Verwaltungsakte. Der an dem durch den Verwaltungsakt geschaffenen Rechtsverhältnis beteiligte Gewaltunterworfene hat ohne ursprünglich eigene Initiative dasjenige durchzuführen oder zu unterlassen, was der Verwaltungsakt festlegt.

Wenn er aber nicht nur Objekt der Verwaltung sein soll, müssen ihm irgendwelche subjektiven Rechte zustehen, die er gegenüber dem Staat oder den vom Staat mit obrigkeitlichen Machtmitteln ausgestatteten Stellen geltend machen kann. Ihm muß eine Rechtsposition gegeben werden, von der aus er einerseits gegen den Staat vorgehen und sich andrerseits gegen ihn verteidigen kann.

2. Begriff.

Unter einem subjektiv-öffentlichen Recht ist diejenige rechtliche Stellung eines Subjekts des Verwaltungsrechts, welches insoweit nicht Hoheitsbefugnisse ausüben darf („unterstaatliches Rechtssubjekt"), zu verstehen, auf Grund welcher es vom Staat oder der vom Staat mit Hoheitsbefugnissen ausgestatteten Stelle etwas verlangen kann oder auf Grund welcher der Staat oder diese Stellen ein Einschreiten unterlassen müssen.

Das subjektive Recht kann entweder unmittelbar auf dem Gesetz beruhen oder es kann durch einen Verwaltungsakt begründet werden, der dann seinerseits jedoch auf ein Gesetz zurückgehen muß.

Genau wie solche Rechte durch das Gesetz gegeben oder bewilligt werden, ist auch wieder ein Entzug durch das Gesetz möglich.

Die bedeutungsvollsten Anhaltspunkte über Bestand und Begriff subjektiv-öffentlicher Rechte innerhalb einer bestimmten Rechtsordnung sind in den Vorschriften über die Verwaltungsgerichtsbarkeit enthalten. Der Umfang der möglichen Klagen ist zwar nicht identisch mit dem Umfang subjektiv-öffentlicher Rechte überhaupt, aber er gibt doch wertvolle Richtlinien [1]).

3. Träger.

Träger eines subjektiv-öffentlichen Rechts kann in erster Linie der Staatsbürger sein, also jede natürliche oder juristische Person des Privatrechts.

Träger kann auch eine juristische Person des öffentlichen Rechts sein mit Ausnahme des Staates. Denn auch eine

---

[1]) Vgl. § 2 österr.VGG. vom 22. 10. 1875; Art. 13 württ. Gesetz, betr. die Verwaltungsrechtspflege vom 13. 12. 1876; § 2 bayer. Gesetz über die Errichtung eines Verwaltungsgerichtshofs und das Verfahren in Verwaltungsrechtssachen vom 8. 8. 1878; § 23 VO. Nr. 165 der britischen Militärregierung; § 35 südd.VGG. von 1946.

solche vermag Rechte gegen eine jeweils im Rang höher stehende juristische Person geltend zu machen.

Der Staat ist deswegen nicht Träger subjektiv-öffentlicher Rechte, weil er sich in Verwaltungsakten äußern kann [2]).

4. Adressat.

Subjektiv-öffentliche Rechte richten sich gegen den Staat oder seinen Vertreter, soweit sie Hoheitsbefugnisse ausüben.

Es kann vorkommen, daß Träger und Adressat der gleichen hoheitsmäßigen Rangstufe angehören. Viele Regelungen des Verwaltungsstreitverfahrens sehen diese Möglichkeit vor durch Einrichtung eines Parteienstreitverfahrens (z. B. §§ 85 ff. südd.VGG. von 1946).

5. Geschichte.

Die Frage, ob im deutschen Recht subjektiv-öffentliche Rechte bestehen, ist in der Vergangenheit mit großer Eindringlichkeit erörtert worden. Bis zum Erscheinen der Äußerungen von G. Jellinek [3]) und Bühler [4]) übersah die Rechtstheorie dabei, daß in der Praxis der Verwaltungsgerichte subjektiv-öffentliche Rechte längst anerkannt waren [5]). Ferner leidet die mit rechtswissenschaftlichen Mitteln geführte Diskussion darunter, daß im Grunde politische Meinungsverschiedenheiten ausgetragen werden sollen. Die Gegner subjektiv-öffentlicher Rechte halten den Staat für so erhaben, daß solche Rechte seinem Wesen widersprechen. Die Verteidiger glauben dem Staatsbürger durch Verwendung dieser Rechte am besten eine eigene dem staatlichen Zugriff entzogene Rechtssphäre vermitteln zu können.

Diese Fronten wurden von neuer Bedeutung nach 1933, als die national-sozialistisch beeinflußte Rechtslehre den Bestand subjektiv-öffentlicher Rechte ablehnte. Auch heute ist die Lösung der

---

[2]) Diese Frage ist äußerst umstritten. Wie hier: Fleiner, 166, G. Jellinek, System, 223 ff. Zweifelhaft: Bühler, 11, 144. A. A. W. Jellinek, Verwaltungsrecht, 193.

[3]) System der subjektiv-öffentlichen Rechte, 1905.

[4]) Die subjektiv-öffentlichen Rechte, 1914.

[5]) Eine ausführliche Zusammenstellung des Schrifttums bei Meyer-Anschütz, Lehrbuch des deutschen Staatsrecht, 1919 (7. Aufl.), 954.

Frage von politischen Gesichtspunkten abhängig. Wer nicht für eine volle, den Konsum einschließende Planwirtschaft eintritt, wird subjektiv-öffentliche Rechte für zweckmäßig halten.

6. Arten.

Wie das Privatrecht unterscheidet das Verwaltungsrecht Herrschafts- und Gestaltungsrechte (Kannrechte).

Absolute Herrschaftsrechte sind nicht denkbar, weil jedes subjektiv-öffentliche Recht sich gegen eine ganz bestimmte Person, nämlich den Staat oder seinen Vertreter, richtet und deshalb relativ ist.

Von ihnen kann der Rechtsträger ein Handeln, also ein Tun oder Unterlassen verlangen, das in Erscheinung tritt durch die Vornahme oder die Unterlassung eines Verwaltungsaktes. Wichtig ist vor allem der Anspruch auf Bescheidung eines Antrages. Ein solcher Anspruch hat im Privatrecht keine Parallele, denn nicht jeder, gegen den ein Anspruch geltend gemacht wird, hat eine Rechtspflicht zur Antwort.

Von besonderer Bedeutung für das Verwaltungsrecht sind sodann die eine besondere Art der Herrschaftsrechte bildenden Mitgliedschaftsrechte, z. B. Stimmrecht beim Volksentscheid und Volksbegehr oder Wahlrecht.

Gestaltungsrechte sind bei einseitigen Verwaltungsakten nicht denkbar. Wohl aber beteiligt sich der Staatsbürger bei zweiseitigen Verwaltungsakten an der verwaltungsmäßigen Gestaltung. Ob man auch die Anfechtung, eines der wichtigsten Gestaltungsrechte des Zivilrechts, als solches im Verwaltungsrecht bezeichnen darf, erscheint zweifelhaft. Denn die verwaltungsrechtliche Anfechtung hat noch keine unmittelbaren Folgen für den angefochtenen Verwaltungsakt. Sie ist vielmehr nur die Grundlage für das Anfechtungsverfahren. Kündigungsrechte können vereinbart sein, wie z. B. bei manchen Beamtenverhältnissen. Für die Aufrechnung, die grundsätzlich möglich ist, bestehen dem Zivilrecht unbekannte Beschränkungen (z. B. § 395 BGB.).

Die von manchen als besondere Art erwähnten Freiheitsrechte, die dem einzelnen ein Recht auf die ihm im Rahmen des Gesetzes zustehende Freiheit oder ein Recht auf Unterlassen gesetzwidriger Eingriffe geben sollen, sind Ansprüche, die auf ein Unterlassen gerichtet sind.

Wohlerworbene Rechte waren dem Begriff und Inhalt

nach vorhanden, bevor das Verwaltungsrecht sich mit subjektiv-öffentlichen Rechten befaßte. Sie stammen aus dem älteren Justizstaat und haben ihn überlebt. Da die ihnen ursprünglich zustehende Rechtsgrundlage verschwunden war, fehlte ein System, nach dem sie hätten beurteilt werden können. Hinzukommt die oft wenig scharfe Unterscheidung gegenüber wohlerworbenen Rechten im Völkerrecht oder im internationalen Privatrecht. Das gegenwärtige Verwaltungsrecht kann sie entbehren, da sie nichts anderes sind als subjektiv-öffentliche Rechte. Für den Bestand solcher Rechte ist die Entstehungsursache gleichgültig. Selbst wenn sich herausstellen sollte, daß ein wohlerworbenes Recht aus Gewohnheitsrecht entstanden ist, ändert das nichts an seiner Qualifikation als subjektiv-öffentliches Recht. Wo der Gesetzestext ausdrücklich wohlerworbene Rechte erwähnt, wie z. B. in Art. 129 WRV., kann der Begriff unbedenklich durch den der subjektiv-öffentlichen Rechte ersetzt werden.

Bloße durch eine objektive Rechtsvorschrift hergestellte günstige Lagen sind noch keine Rechte. Nicht jede Bestimmung, die eine Behörde zu einem bestimmten Vorgehen verpflichtet, das sich im Ergebnis zum Nutzen des einzelnen auswirkt, gibt diesem schon ein Recht, von der Behörde auch die Vornahme der nützlichen Handlung zu verlangen. Die in laxer Ausdrucksweise sogenannten „Gesetzesvollziehungsansprüche" oder „Interessenbefriedigungsansprüche" beruhen nicht auf subjektiv-öffentlichen Rechten (Musterbeispiel: Die Übertretungstatbestände des StGB.). Die günstigen Lagen haben Ähnlichkeit mit der Rechtsfigur, in welche die Gegner subjektiv-öffentlicher Rechte diese Rechte einweisen wollen: Sie sind der Reflex objektiven Rechts, der auf den einzelnen Staatsbürger scheint und ihn dadurch begünstigt [6]).

Diese Vorstellung ist nicht zu beanstanden, wenn sie für die rechtliche Betrachtung auch wertlos ist. Jedoch ist der Begriff eines Reflexrechts nicht zu verwerten. Aus einem Recht muß grundsätzlich ein Anspruch entstehen können. Das aber soll bei einem Reflexrecht gerade nicht der Fall sein.

---

[6]) Bekannt ist der durch G. Jellinek veranlaßte Streit um die Einordnung des Wahlrechts durch die viel zitierte Wendung, das Wahlrecht bestehe keineswegs „in dem Recht zu wählen. Das Subjekt dieses Rechts wie das jeder staatlichen Ernennung ist ausschließlich der Staat und nur Reflexwirkung ist es, wenn der einzelne als solcher ein derartiges Recht zu besitzen scheint". — System, 159 —. Näheres über die sog. Reflexrechte z. B. bei Laband, Staatsrecht des Deutschen Reichs, II. 331.

Die Entwicklung des Verwaltungsrechts hat dazu geführt, daß nur noch zwei für die Interessen des einzelnen maßgebliche Tatbestände beachtlich sind: Entweder hat er ein subjektiv-öffentliches Recht oder es besteht kraft einer Rechtsvorschrift für ihn eine günstige Lage. Wer sich auf das eine oder andere beruft, muß den Beweis führen. Dabei zeigt sich, daß die Abgrenzung selbst dieser beiden theoretisch leicht zu trennenden Rechtsfiguren im praktischen Einzelfall nicht immer leicht ist und daß politische Anschauungen nach wie vor eine Rolle spielen (z. B. ist bestritten, ob die verfassungsmäßigen Grundrechte subjektiv-öffentliche Rechte sind).

9. Kapitel
Öffentliche Sachen

1. Begriff.

Öffentliche Sachen sind die Gegenstände, deren sich der Staat oder ein anderer öffentlich-rechtlicher Verband zur Erfüllung seiner Aufgaben bedient. Zu diesen Gegenständen gehören die körperlichen Gegenstände im Sinne des bürgerlichen Rechts (§ 90 BGB.), sodann Gegenstände, denen die Körperlichkeit fehlt. Ferner können nach öffentlichem Recht Gegenstände selbständige Sachen sein, die nach bürgerlichem Recht nur Bestandteil einer Sache sind (§ 93 BGB.). Endlich sind auch Sachgemeinschaften möglicherweise öffentliche Sachen.

Um eine Sache zu einer öffentlichen zu machen, ist die Äußerung des Staates oder seines Vertreters nötig. Es genügt nicht, daß ein Verfügungsberechtigter sie der Allgemeinheit zur Verfügung stellt.

2. Arten.

Finanzvermögen (werbendes Vermögen, Fiskalgut) sind Sachen, die durch ihren eigenen Wert oder durch ihre Früchte dem Staat oder dem öffentlich-rechtlichen Verband die fiskalischen Mittel zur Führung der öffentlichen Verwaltung liefern. Wenn nicht besondere Schutzbestimmungen bestehen, unterliegen Gegenstände des Finanzvermögens der Zwangsvollstreckung.

Verwaltungsvermögen setzt sich zusammen aus denjenigen Sachen, welche den Apparat für öffentliche Dienststellen und öffentliche Anstalten darstellen, z. B. Bürohäuser, Schulen, Friedhöfe, Büromaterialien usw.

Sachen im Gemeingebrauch sind Gegenstände, die entweder der Benutzung durch jedermann offenstehen, z. B. Flüsse, Gletscher, Meeresstrand, oder die gemäß ihrer rechtlichen Zweckbestimmung von jedermann benutzt werden können, z. B. öffentliche Straßen, Plätze, Brunnen, Bänke, Uhren.

3. Recht der öffentlichen Sachen.

Auf die Verhältnisse der öffentlichen Sachen wird teils öffentliches, teils privates Recht angewandt.

Dem öffentlichen Recht gehören an die Widmung oder Indienststellung, wodurch jede nicht von Natur aus öffentliche Sache erst zu einer solchen wird. Öffentlich-rechtlich sind ferner die Bestimmungen über die Benutzung.

Nach Privatrecht zu beurteilen sind insbesondere die Eigentumsverhältnisse. Auch Gegenstände in Privateigentum können öffentliche Sachen sein. Privatrecht ist sodann maßgeblich für etwaige dingliche Belastungen. Jedoch hört die Herrschaft des Privatrechts da auf, wo der öffentliche Dienst beginnt. Die Erfüllung der öffentlichen Aufgaben darf durch privatrechtliche Hindernisse nicht gehemmt werden. Nach privatrechtlichen Regeln ist die Haftung gegenüber Dritten aus Vorgängen zu beurteilen, bei denen öffentliche Sachen eine Rolle spielen.

Im Gegensatz zu der herrschenden deutschen Auffassung steht die Lehre vom öffentlichen Eigentum. Sie will alle Sachen, in denen sich ein Stück öffentlicher Verwaltung verkörpert, insbesondere Verwaltungsvermögen und Sachen im Gemeingebrauch dem Privatrecht entrücken und völlig dem öffentlichen Recht unterstellen [1]).

4. Verwaltungsvermögen.

Da für das Finanzvermögen im wesentlichen privatrechtliche Vorschriften maßgeblich sind, scheidet es aus dem Begriff der

[1]) Begründer der Lehre ist Otto Mayer, Deutsches Verwaltungsrecht, 1924 (3. Aufl.) II, §§ 35 und 36. Ihm hat sich u. a. das sächs. OVG. angeschlossen, z. B. 15, 175; 18, 216.

öffentlichen Sachen im engeren Sinn aus. Öffentliche Sachen im engeren Sinn sind nur Verwaltungsvermögen und Sachen im Gemeingebrauch.

Die Benutzung des Verwaltungsvermögens ist häufig in besonderen Benutzungsordnungen geregelt. Die Benutzung kann gleichbedeutend mit einer Anstaltsbenutzung sein, wenn das Vermögen zu einer öffentlich-rechtlichen Anstalt gehört.

Von der allgemeinen Benutzung unterscheiden sich Sondernutzungsrechte, z. B. Kirchstuhlvorrecht, Rechte auf bestimmte Grabstätten (Art. 133 EGBGB.). Sie geben dem Beliehenen ein subjektiv-öffentliches Recht.

Das Verwaltungsvermögen ist zweckgebunden. Eine Zweckentfremdung darf nach der einmal vorgenommenen Zweckbindung im Verwaltungswege nicht erfolgen (RGZ. 62, 355; 71, 21). Streitigkeiten zwischen Eigentümer und Behörde sind nach öffentlichem Recht zu beurteilen.

5. Sachen im Gemeingebrauch.

a) Wesen.

Das Wesen des Gemeingebrauchs besteht in der durch öffentliches Recht jedermann ohne besondere Gewährung zustehenden, dem öffentlichen Zweck der Sache entsprechenden unmittelbaren Nutzung (RGZ. 123, 181; 125, 108). Nicht nötig ist, daß die Sache von jedermann in gleicher Art und in gleichem Umfang gebraucht werden darf. Man unterscheidet den normalen, den beschränkten und den gesteigerten Gemeingebrauch. Inhalt und Umfang des Gebrauchs ergibt sich vielfach aus besonderen Gesetzen [2]).

b) Normaler Gemeingebrauch.

Hierbei steht die Benutzung jedermann zu. Sie muß so erfolgen, daß die gleiche Benutzung durch andere nicht unmöglich gemacht wird. Der Benutzer hat ein subjektiv-öffentliches Recht gegen den Staat oder den öffentlich-rechtlichen Verband, der die Sache dem Gemeingebrauch gibt. Rechtsbeziehungen aus der Sache zwischen den einzelnen Benutzern entstehen nicht.

---

[2]) Z. B. Reichsgesetz über die Reichswasserstraßen vom 29. 7. 1921 — RGBl. 961 —. Reichsgesetz über die einstweilige Neuregelung des Straßenwesens und der Straßenverwaltung vom 26. 3. 1934 — RGBl. I, 243.

c) Beschränkter Gemeingebrauch.

Eine Beschränkung des Gemeingebrauchs ist nötig, sobald durch ihn die allgemeine Ordnung des Gemeinwesens gestört wird oder für andere Werte ein unverhältnismäßig hoher Nachteil entsteht. Durch die Beschränkung können alle Personen oder auch nur ein bestimmter Personenkreis ergriffen werden (z. B. Beschränkung der bisher nicht beanstandeten Benutzung von Flüssen zur Aufnahme industrieller Abwässer zur Vermeidung der Ausrottung der Flußfauna und Flußflora).

d) Gesteigerter Gemeingebrauch.

Einzelnen Personen kann zu individuellen Zwecken die Benutzung zwar im Rahmen des bestimmungsmäßigen Gebrauchs, aber doch in einem die allgemeine Benutzung überragenden Umfang zugebilligt werden (RGZ. 123, 181).

Eine noch umfangreichere Benutzungsmöglichkeit liegt in der Sonderbenutzung (Nutzungsverleihung), die in zwei Formen auftritt, nämlich als Gebrauchserlaubnis für einen nur vorübergehenden Zweck, wodurch kein subjektiv-öffentliches Recht begründet wird (RGZ. 30, 246), und als Verleihung eines Sonderrechts. Die Verleihung begründet einen Dauerzustand und vermittelt dem Berechtigten ein subjektiv-öffentliches Recht. Daneben entstehen privatrechtliche Nutzuugsrechte gegenüber dem Eigentümer der Sache, gleichgültig ob er einverstanden mit der Verleihung ist oder nicht.

Die Sonderbenutzungsrechte müssen gesetzlich begründet sein. Von geringerer Bedeutung sind alte Regalien für Flößerei, Fischerei oder Fährbetriebe. Bedeutungsvoller sind die Rechtsverhältnisse der Klein- und Straßenbahnen, z. B. nach dem preuß. Gesetz über Kleinbahnen und Privatanschlußbahnen vom 28. 7. 1892, das vor allem wichtig war für die Weiterbildung der Lehre von der Sondernutzung. Von besonderer Wichtigkeit für die Gegenwart sind die Sondernutzungen nach dem Gesetz über Sachleistungen für Reichsaufgaben (Reichsleistungsgesetz) i. d. F. vom 1. 9. 1939 — RGBl. I, S. 1645 —. Das Gesetz gilt noch, soweit die mit der „einheitlichen Leitung der deutschen Wirtschaft betraute Stellen für die Durchführung ihrer Aufgaben davon Gebrauch" machen müssen (VG. München in: NJW. 1947, 78). Es besteht jedoch nicht mehr in der ursprünglichen Form. Entweder haben die Länder Ausführungsanweisungen erlassen, wie z. B. Schleswig-Holstein (Amtsblatt 1947 S. 235) oder Süd-Baden (GuVBl.

1948 S. 86). Oder es sind neue gesetzliche Bestimmungen ergangen wie z. B. das hessische Leistungspflichtgesetz vom 26./31. 7. 1947 (GuVBl. S. 55) oder die sich am weitesten von dem Urbild entfernende für alle Länder der Ostzone geltende Verordnung der deutschen Wirtschaftskommission über den Aufbau der Wirtschaft und die Beseitigung von Notständen im Dienst der staatlichen Wirtschaftsplanung und -lenkung (Anforderungsverordnung) v. 21. 7. 1948 (Zentralverwaltungsblatt S. 367).

Nicht nur während des Krieges sondern auch in den Jahren nach seinem Ende haben die mit dem Reichsleistungsgesetz zusammenhängenden Maßnahmen sehr tief in das Privateigentum und damit das Wirtschaftsleben eingegriffen. Das zwingt in jedem Fall zu der Prüfung, ob und in welchem Umfang die ursprünglichen Bestimmungen gelten und inwieweit sie durch neuere Rechtssätze überholt sind. Die Prüfung fällt in den einzelnen Abschnitten der staatlichen Entwicklung nach der Kapitulation verschieden aus. Allen Phasen der Entwicklung ist jedoch gemein, daß der Staat bei der Erfüllung seiner zwingenden Aufgaben, den durch den Krieg erzeugten oder hinterlassenen öffentlichen Notständen, die sich auf allen Gebieten des Zusammenlebens, insbesondere in der Erzeugung und der Verteilung der dringendst notwendigen Lebensgüter bemerkbar machten, zu steuern, nicht ein Gesetz entbehren konnte, das den Privatbesitz in Anspruch nahm. Die Inanspruchnahme der im Privatbesitz vorhandenen Gegenstände und überhaupt Eingriffe in die Privatrechtssphäre wurden überall in viel weiterem Maße gestattet, als das in normalen Zeiten der Fall gewesen wäre.

In den ersten Monaten nach der Kapitulation war den an der Spitze des Staates stehenden Beamten nicht die Möglichkeit gegeben, derartige Bestimmungen mit Gesetzeskraft zu erlassen (Proklamation Nr. 1 des Obersten Befehlshabers der Alliierten Streitkräfte, Art. II und IV). Man war daher völlig auf das Reichsleistungsgesetz in seiner ursprünglichen Gestalt angewiesen. Bei dieser Übung blieb es dann auch in dem weiteren Zeitabschnitt, in dem bis zur Schaffung demokratischer Einrichtungen die höchsten Verwaltungsstellen der Länder oder Zonenämter Äußerungen mit Gesetzeskraft erlassen konnten. Erst für den dritten Abschnitt der Entwicklung sind neue gesetzliche Regeln bedeutungsvoll. Auch wo sie in vollem Umfang an die Stelle des RLG. treten, sind für die Auslegung doch noch dessen Grundsätze, soweit sie nicht mit Rücksicht auf Kontrollratsgesetz Nr. 2 bedeutungslos geworden sind, heranzuziehen. Wo das Gesetz nur durch Verwaltungsvorschriften abgeändert ist, gelten sie grundsätzlich weiter. Eine Beschränkung ist nur möglich, insoweit ihm die neuen Verfassungen entgegenstehen.

Welche Gegenstände erfaßt werden können, wird in den einzelnen Gesetzen aufgezählt. Die meisten Regelungen begnügen sich nicht mit der Inanspruchnahme der Gegenstände, sondern gehen davon aus, daß sie von einem „Pflichtigen geleistet" werden. Hierbei kann es sich handeln um die Gewährung von Unterkunft für Personen, Tiere und bewegliche Sachen (z. B. § 5 RLG.), die Verabreichung von Verpflegung (§ 6), die Benutzung von nach bisherigem Recht nicht öffentlicher Wasserstellen (§ 7), die Abgabe von Futter (§ 8), die Abgabe von Betriebsstoffen (§ 9), die Benutzung von Grundstücken, Gebäuden und Wasserflächen (§ 10). Von besonderer Bedeutung nach der Kapitulation wurden die Bestimmungen über die Überlassung und Benutzung von „Beförderungsgegenständen" (§ 15 RLG.), insbesondere also von Kraftfahrzeugen. Die neueren Regelungen beschränken den Kreis der Gegenstände, die in Anspruch genommen werden können.

Zur Inanspruchnahme berechtigt sind nur bestimmte im Gesetz genau bezeichnete Behörden, die B e d a r f s s t e l l e n. (Ursprünglich: Bekanntmachung von Bedarfsstellen der Wehrmacht, die zur Inanspruchnahme von Leistungen nach §§ 3b, 5, 10 und 15 RLG. berechtigt sind, vom 20. 10. 1939 — RGBl. I S. 2064.) Die Bedarfsstelle kann von dem Leistungspflichtigen verlangen, daß er den Gebrauch der Sache, die er in Besitz oder Gewahrsam hat, gestattet, ihm zustehende Rechte an beweglichen Sachen überträgt und zwar, was sehr wichtig ist, nach vielen Regelungen einschließlich des Eigentums (so das RLG. selbst und z. B. die Anforderungsverordnung), sowie sonstige Rechte zur Ausübung überläßt oder die Ausübung von Rechten unterläßt.

All diese Gegenstände werden durch die Bedarfsstellen der Allgemeinheit, einem beschränkten Personenkreis oder einer Einzelperson zum öffentlichen oder auch zum individuellen Gebrauch zur Verfügung gestellt. Wurde die letztere Möglichkeit gewählt, so endet die Überweisung nicht automatisch durch Aufhören oder eine Veränderung der Dienststellung der bedachten Person. Erheblich ist vielmehr lediglich der Zweck im Zeitpunkt der Überweisung. In diesem Augenblick allerdings dürfen niemals private Zwecke durch Maßnahmen nach den Leistungsgesetzen befriedigt werden.

Sinn und Zweck der Leistungsgesetze ist die Behebung eines vorübergehenden Notzustandes oder doch eine Regelung nur für kurze Dauer. Hier findet sich das typische Merkmal der Gebrauchserlaubnis. Infolgedessen erwirbt der durch die Bedarfsstelle Bedachte kein subjektiv-öffentliches Recht. Das besagt noch nichts darüber, ob zwischen ihm und dem zivilrechtlich an der Sache Berechtigten ein Zivilrechtsverhältnis entsteht. Wegen der nur vorübergehenden Dauer einer Gebrauchserlaubnis und des durch sie nur lose vermittelten Zusammenhangs zwischen der Sache und dem Berechtigten wird man die Frage zu verneinen haben aus den gleichen Gründen, die auch zwischen den Gebrauchern beim normalen Gemeingebrauch kein Rechtsverhältnis entstehen lassen. Die Leistungsgesetze selbst sprechen von einem Rechtsverhältnis zwischen Berechtigten und Verpflichteten nur hinsichtlich eines — rechtlich gesehen — sekundären Punktes, nämlich der dem Begünstigten auferlegten Entschädigungspflicht für den zu seinen Gunsten erfolgten staatlichen Eingriff (§ 26 Abs. 4; RLG. § 15 hess. Leistungspflichtgesetz). Eine Ausnahme macht die Anforderungsvo., die auch vertragliche Festsetzung der Abgeltung kennt (§§ 17 ff.).

Von nicht zu überschätzender Bedeutung für die Betroffenen ist die Entscheidung nach der Frage der verwaltungsgerichtlichen Kontrolle. Sie umfaßt zeitlich zwei große Tatsachenkomplexe, nämlich Maßnahmen aus der Zeit vor der Einrichtung der Verwaltungsgerichtsbarkeit und Maßnahmen, die sich seit dieser Zeit ereigneten. Für die Westzonen wird ein nicht richtiges Funktionieren der Bedarfsstellen zu irgendeiner beliebigen Zeit als Rechtsverletzung und daher für die Verwaltungsgerichte nachprüfbar angesehen. Die Befugnisse der Bedarfsstellen sind nach den gesetzlichen Regelungen in der Ostzone dagegen so umfangreich, daß die Anwendung des RLG. nicht mehr als Rechtstatbestand, sondern als Gegenstand verwaltungsbehördlichen Ermessens und daher verwaltungsgerichtlich nicht nachprüfbar angesehen wird (OVG. Jena vom 2. 7. 1947, in: Archöff R.N.F. 35, S. 93).

Sondernutzungen stellen ferner die infolge der Verknappung des Wohnraums notwendigen W o h n r a u m z u w e i s u n g e n dar. Die Behörde muß dabei sowohl bei der Beschaffung als auch bei der Verteilung tätig werden. Alle älteren Bestimmungen, insbesondere das Wohnraummangelgesetz vom 26. 7. 1923 sind durch das Wohnungsgesetz vom 8. 3. 1946 (Kontrollratsgesetz Nr. 18) überholt. Im Gegensatz zu den Zuweisungen nach den Leistungsgesetzen stellt die Überlassung von Wohnraum einen Dauerzustand dar. Der Eingewiesene erhält ein Sonderrecht, also ein subjektiv-öffentliches Recht. Zugleich entsteht auch eine privatrechtliche Beziehung zu demjenigen, dem die Räume entzogen werden. Die Durchführungsbestimmungen zu dem Kontrollratsgesetz Nr. 18, die in den Ländern im einzelnen verschieden sind, gehen fast alle davon aus, daß entweder gleich durch die Einweisung ein Mietvertrag zwischen dem Eingewiesenen und dem bisher Berechtigten, meist dem Grundstückseigentümer entsteht oder daß durch die Behörde ein Zwangsmietvertrag geschlossen wird, in den dann der Verpflichtete auch ohne oder gar gegen seinen Willen eintritt. Es entsteht so eine dem bisherigen Recht schon nicht fremde Zwangsobligationen neben dem öffentlich-rechtlichen Verhältnis.

Für sämtliche Fälle der Sondernutzung gilt, daß die Bewilligung dem freien Ermessen der Behörde unterliegt. Der einzelne, der die Bewilligung für sich erstrebt, hat daher nicht die Möglichkeit, die Verwaltung zu bestimmten Maßnahmen zu zwingen. Er kann nur die innerhalb der Verwaltung vorhandenen Rechtsbehelfe in Anspruch nehmen, die manchmal, wie z. B. bei Wohnungsangelegenheiten, stark ausgebaut sind.

e) Begründung.

Gemeingebrauch entsteht entweder durch die natürlichen Verhältnisse oder durch eine Sonderbestimmung der öffentlichen Gewalt, die Widmung.

Der Widmungsakt setzt sich zusammen aus der Erklärung der Behörde, daß die betreffende Sache zur öffentlich-rechtlichen Benutzung für den allgemeinen Verkehr überlassen werden soll, und der tatsächlichen Indienststellung der Sache.

f) Entwidmung.

In der gleichen Weise wie eine Widmung kann auch eine Entwidmung („Einziehung“, „Auflassung“) erfolgen. Sie ist ebenfalls ein Verwaltungsakt. Wer durch die Entwidmung berührt wird, hat kein subjektiv-öffentliches Recht darauf, daß die Sache im Gemeingebrauch bleibt. Das dem Gemeingebraucher in manchen Fällen zustehende subjektiv-öffentliche Recht ist demnach gebunden an die Tatsache, daß ein Gemeingebrauch überhaupt vorliegt.

Eine nur vorübergehende Entziehung der Sache, die ebenfalls möglich ist, wird meist als Sperrung bezeichnet.

6. Einziehung.

Einziehung („Verwirkung") ist die dauernde Untersagung der Benutzung eines im Eigentum des Betroffenen stehenden Gegenstandes, insbesondere einer Anlage, einer Straße, eines Gewässers. Sie wird vom Gericht oder einer Verwaltungsbehörde angeordnet und ist meist die Folge eines rechtswidrigen oder verwaltungswidrigen Verhaltens[3]).

7. Enteignung.

Die Enteignung führt objektiv zu dem gleichen Ergebnis wie die Einziehung. Der bisherige Eigentümer verliert sein Eigentum. Subjektiv jedoch fehlt jeder Anlaß in der Person des Enteigneten. Enteignet wird vielmehr dann, wenn dem Eigentümer ein besonderes Opfer zugunsten der Allgemeinheit zuzumuten ist.

a) Begriff.

Enteignet im Rechtssinne wird nur gegen Entschädigung. Der klassische Enteignungsbegriff nach den Landesenteignungsgesetzen des vorigen Jahrhunderts, z. B. bayerisches Gesetz vom 17. 11. 1827, pr. Gesetz vom 11. 6. 1874, kennt nur die Enteignung von Grundeigentum, das der Staat dem Eigentümer wegnimmt, um es im öffentlichen Interesse auf sich oder einen Dritten zur Verwendung für ein gemeinnütziges Unternehmen zu übertragen. Die Enteignung kann danach nur durch die Verwaltung, selbstverständlich nur auf gesetzlicher Grundlage durchgeführt werden.

In Auslegung von Art. 153 Abs. 2 WRV wurde der Enteignungsbegriff nach 1920 erweitert. Enteignet werden kann danach jeder Gegenstand des Privatvermögens, also auch Rechte. Die Enteignung kann durch das Gesetz unmittelbar ausgesprochen werden. Sie darf sich aber immer nur gegen einzelne Personen oder Personengruppen, nicht gegen sämtliche Staatsbürger richten (Einzeleingriffslehre) (RGZ. 136, 124; 156, 309; 128, 29).

Die 2. Notvo. zur Sicherung von Wirtschaft und Finanzen vom 5. 6. 1931 — RGBl. I, S. 279 — suchte den klassischen Enteignungsbegriff wieder herzustellen, weil die Ausdehnung jeden Eingriff in

[3]) §§ 40, 86, 86a, 93, 93a, 152, 284b, 295, 360 Abs. 2, 367 Abs. 2 StGB.; § 20 Gesetz über Fernmeldeanlagen vom 14. 1. 1928 — RGBl. I, 8; § 25 Schußwaffengesetz vom 12. 4. 1928 i. d. F. vom 3. 12. 1931 — RGBl. I, 143, 742; § 28 Lichtspielgesetz vom 26. 2. 1934 — RGBl. I, 95; §§ 401, 405 ff. RAO.

Privateigentum im Interesse der Allgemeinheit nahezu unmöglich machte. Die eingreifenden Stellen konnten die Entschädigung nicht mehr aufbringen.

Für die Gegenwart ist noch nicht ersichtlich, welche Begriffsmerkmale maßgeblich sein werden. (Der Oberste Gerichtshof für die britische Zone wendet in einer Entscheidung vom 1. 7. 1948 — Deutsche Verwaltung 1948, S. 19 — den unter der Herrschaft der WRV erarbeiteten Begriff an.)

b) Grundlagen.

Art. 153 WRV gilt heute noch, zum mindesten mit der Kraft eines einfachen Reichsgesetzes. Ferner sind noch die Landesenteignungsgesetze in Kraft, sowie auch Reichs- und Landesspezialgesetze, die sich insbesondere mit der Schaffung von Wohnraum, der Sicherung der Ernährung und der Regelung des Verkehrs befassen. In den Ländern der Ostzone treten neue Bodenreformgesetze hinzu. In den Ländern der Westzone ist es — mit geringen Ausnahmen, z. B. Art. 41 hessische Verf. von 1946 — hierzu noch nicht gekommen.

c) Entschädigung.

Die Entschädigung ist ein öffentlich-rechtlicher Anspruch. Die Art seiner Geltendmachung ist in den Landesgesetzen verschieden geregelt. Die meisten behandeln die Entschädigung als Teil der Enteignung, wofür allein die Verwaltungsbehörden zuständig sind. Nur in einigen Gesetzen, z. B. Hamburg, steht der ordentliche Rechtsweg offen.

8. Aufopferung.

Darunter wird jede Eigentumsbeschränkung im polizeilichen Interesse, also nicht nur zur Verwendung für ein gemeinnütziges Unternehmen verstanden. Aufopferung liegt nicht vor in Fällen, die durch Enteignungsbestimmungen erfaßt werden. Auch bei Aufopferung wird Entschädigung zugebilligt, zunächst durch landesrechtliche Bestimmungen (z. B. § 75 Einlt. pr. ALR.), die späterhin jedoch vom Reichsgericht als Ausdruck eines allgemeinen Rechtssatzes angesehen wurden (RGZ. 161, 368; 167, 26). Für die Geltendmachung des Entschädigungsanspruches steht der ordentliche Rechtsweg offen.

10. Kapitel
Organisation der Staatsverwaltung

1. Behörden.

Behörde oder öffentliche Behörde ist eine amtliche Stelle, die zur Erfüllung bestimmter Aufgaben der öffentlichen Verwaltung berufen ist. Der herrschenden Verwaltungspraxis und dem Sprachgebrauch nach unterscheidet man Reichs-, Landes-, Kommunal- und Kirchenbehörden. Während der Besatzungszeit treten hinzu Behörden der Militärregierung[1]) und Zonen- oder Mehrzonenämter.

Die Erfüllung von Herrschaftsrechten ist kein wesentlicher Bestandteil des Behördenbegriffs. Als Behörden werden aber nur solche Stellen bezeichnet, die eine gewisse selbständige Entscheidungsbefugnis haben.

Innerhalb des Verwaltungsaufbaus unterscheidet man i. a. Zentral-, Mittel- und Ortsbehörden.

Die Organisation in Behördenform ist nicht nur der Verwaltung, sondern auch anderen Staatsfunktionen eigen.

2. Art des Behördenaufbaus.

Zentralisation ist die Zusammenfassung der leitenden Verwaltungsbefugnisse an einer Stelle. Häufig liegen sie in der Hand des jeweiligen Fachministers, dessen Befugnisse dann zu vergleichen sind der unbedingten Befehlsgewalt militärischer Vorgesetzter. Die Vorzüge der Zentralisation sind die Möglichkeit einheitlichen und schnellen Handelns und schneller Reaktion auf äußere Ereignisse. Ihre Nachteile sind die Gefahr zu starken Theoretisierens und eines Verwaltens „vom grünen Tisch" aus.

Dezentralisation ist schon dann gegeben, wenn anstelle der durch eine Person dargestellten Spitze ein mehrköpfiges Kollegium steht. Jedoch wird der Begriff in diesem exakten Sinn meist nicht gebraucht. Vielmehr versteht man darunter im allgemeinen eine Verlagerung der Verwaltungsbefugnisse auf örtlich auseinandergezogene Behörden. Vorzüge der Dezentralisation sind die Ausnutzung der Ortskenntnisse der Beamten und eine größere

---

[1]) Vgl. meine Schrift: Die Militärregierung, Köln 1948 (Gewerkschaftliche Schriftenreihe).

Nähe zwischen Verwaltung und Verwalteten, als sie bei der Zentralisation erreicht werden kann. Von Nachteil ist eine gewisse Schwerfälligkeit, sobald nicht nur eine einzelne Stelle betreffende Entscheidungen gefällt werden sollen.

Allgemeine Verwaltung ist die Erledigung sämtlicher anfallender Verwaltungsaufgaben durch eine Behörde (z. B. Innenministerium, Regierungspräsident).

Sonderverwaltung ist die Beschränkung auf fachlich begrenzte Aufgaben (Arbeitsamt, Straßenverkehrsamt).

3. Bürokratische und kollegiale Verwaltung.

Bei der bürokratischen Verwaltung ist innerhalb einer Behörde der Wille eines einzigen Beamten maßgeblich. Die übrigen bei der Behörde tätigen Personen sind ihm in sämtlichen Dienstangelegenheiten untergeordnet. Sie zeichnen, wenn sie überhaupt Zeichnungsrecht haben, in seiner Vertretung oder in seinem Auftrage. Bei Meinungsverschiedenheiten ist stets sein Wille maßgeblich.

Bei der kollegialen oder mehrköpfigen Behörde ist eine Willensbildung nur möglich bei Übereinstimmung des Willens sämtlicher oder der Mehrzahl der Behördenmitglieder oder eines ein für allemal feststehenden Kreises aus ihrer Mitte. Der Vorstand kann hierbei überstimmt werden.

4. Berufsamt, Wahlamt, Ehrenamt.

Die Verwaltung kann durchgeführt werden durch in ihr hauptamtlich tätige Berufsbeamte oder durch Personen, die hauptberuflich anderweit beschäftigt sind und die Verwaltungstätigkeit nur als Ehrenamt ausüben. Die letztere Art der Verwaltung wird als politische Selbstverwaltung bezeichnet. Sie findet sich in Deutschland vor allem in der Form der gemischten Behörden, die aus Berufsbeamten und aus Laienmitgliedern bestehen. Ihre Einführung fand wesentlich unter dem Einfluß von Gneist statt [2])

Politische Selbstverwaltung ist in jeder Instanz möglich und unabhängig von dem Subjekt, welches die Verwaltung ausübt [3]).

[2]) Rudolf von Gneist, The selfgovernment und die Verwaltungsgerichte in England, 1871, 879.

[3]) Näheres meine Politische Selbstverwaltung.

Ein Wahlamt kann innegehalten werden sowohl von einem Berufsbeamten wie von einem Ehrenbeamten. Der Gegensatz zum Wahlamt ist dasjenige Amt, in welches eine Person berufen oder zu dessen Ausübung sie von einer ihr vorgesetzten Dienststelle ernannt wird.

5. Bedeutung der Staatsform.

Zu diesen Möglichkeiten des organisatorischen Aufbaus von Verwaltungsbehörden kommen weitere Möglichkeiten, die sich aus der Staatsform ergeben. In einem Einheitsstaat ist der Behördenapparat einfacher als in einem Bundesstaat. Hier treten neben oder unter die Behörden der Zentralmacht solche der Bundesländer.

Schließlich hat der Staat die Möglichkeit, andere Subjekte des öffentlichen Rechts mit der Durchführung der Verwaltung zu betrauen. Diese Stellen werden dann zu Behörden und setzen Verwaltungsakte. Die wichtigsten sind die Gemeinden und Gemeindeverbände.

6. Reichsbehörden.

a) Die Republik.

Die Weimarer Reichsverfassung beließ das Schwergewicht der Verwaltungstätigkeit bei den Landesbehörden (Art. 14). Die oberste Spitze der allgemeinen Verwaltung war der Reichsminister des Inneren.

Ihm unterstellt waren nur einige Sonderbehörden, die fast alle ihren Sitz in Berlin hatten, z. B. Reichspatentamt, Reichsaufsichtsamt für Privatversicherungen. Meist war die reichseigene Verwaltung mit der Landesverwaltung in der Weise verbunden, daß eine Reichsbehörde nur an der Spitze tätig war, während das Reich im übrigen den Verwaltungsapparat der Länder benutzte (sog. komplementäre Verwaltung). Ähnliche Verhältnisse herrschten bei der Justiz.

Schließlich gab es Reichsbehörden mit einem mehrinstanzlichen Behördenapparat, z. B. Auswärtiges Amt, Reichspostministerium.

Nach dem Stand von 1932 waren außer dem Reichskanzler vorhanden als Nachfolger der Staatssekretäre des Kaiserreichs

der Reichsminister des Äußeren, der nur selten in der inneren Verwaltung tätig wurde,

der Reichsminister des Inneren,
der Reichsjustizminister, dessen Einfluß auf die Gerichtsorganisation der Länder gering war,
der Reichsfinanzminister,
der Reichspostminister.

Nach 1918 neu geschaffen wurden
der Reichswirtschaftsminister, hervorgegangen aus dem am 21. 10. 1917 begründeten Reichswirtschaftsamt — RGBl. 964 —
der Reichsarbeitsminister, hervorgegangen aus dem am 4. 10. 1918 begründeten Reichsarbeitsamt — RGBl. 1231, sowie Erlaß des Reichspräsidenten vom 21. 3. 1919 — RGBl. 327 —,
der Reichsverkehrsminister, geschaffen durch Verfügung des Reichspräsidenten vom 21. 6. 1919,
der Reichswehrminister, geschaffen durch Erlaß des Reichspräsidenten vom 21. 3. 1919,
der Reichsminister für Ernährung und Landwirtschaft, geschaffen durch Erlaß des Reichspräsidenten vom 30. 3. 1920.

b) Die national-sozialistische Herrschaft.

Nach 1933 wurden die Reichsverwaltungen vermehrt. Besonders wichtig war die Verreichlichung der Justiz und der Polizei.

Ein eigener Behördenaufbau bestand nach dem Stande von 1939 für folgende Verwaltungszweige:
Finanzverwaltung, Justizverwaltung, Arbeitsverwaltung, Postverwaltung, Versorgungsverwaltung, dem Reichsarbeitsministerium unterstehend, Luftfahrtverwaltung, Reichsbahnverwaltung, dem Reichsverkehrsministerium unterstehend, Propagandaverwaltung.

Im übrigen benutzte die Reichsverwaltung den Verwaltungsapparat der Länder. Das traf vor allem für fast die gesamte allgemeine Verwaltung zu. In nicht ganz organischer Weise wurde eine solche enge Verbindung insbesondere zwischen dem Reich und Preußen hergestellt, indem in sieben Fällen die Reichsministerien mit den entsprechenden preußischen Ministerien vereinigt wurden und zwar für das Innere, die Wirtschaft, die Ernährung und Landwirtschaft, den Verkehr, die Wissenschaft, Erziehung und Volksbildung, die Arbeit und die staatliche Kirchenverwaltung.

c) Die Besatzungszeit.

Nach der Potsdamer Erklärung der Besatzungsmächte vom 5. Juni 1945 soll bis auf weiteres keine zentrale deutsche Regierung gebildet werden. Jedoch ist danach die Errichtung zentraler deutscher Verwaltungsstellen vorgesehen für das Finanzwesen, Transportwesen, Verkehrswesen, Außenhandel und Industrie. Geplant war außerdem die Errichtung einer zentralen Verwaltungsstelle für Ernährung und Landwirtschaft.

Die tatsächliche Entwicklung lief jedoch nicht in diesen Bahnen. Vielmehr kam es nur zur Bildung von Verwaltungsstellen, die zwar Aufgaben der ehemaligen Reichsverwaltung übernahmen, aber zunächst nur für jeweils eine Zone zuständig sind.

In der britischen Zone sind vorhanden der Zonenbeirat und einige Zentralämter. Der seit seiner Begründung zu Anfang des Jahres 1946 mehrfach umgestaltete Zonenbeirat ist auch in seiner letzten Form geblieben, was er schon zu Beginn war, eine die Militärregierung beratende Körperschaft ohne jede Exekutive (vgl. brit. Anweisung über Zonenpolitik vom 15. 2. 1946, brit. VO. Nr. 80, 88, 89). Durch die Begründung des Zweizonen-Wirtschaftsrates ist seine Tätigkeit erheblich eingeschränkt. Die Zentralämter unterstehen der Kontrolle und Weisungsbefugnis der Militärregierung und sind nicht abhängig von deutschen Behörden oder Parlamenten. Es sind vorhanden: das Zentraljustizamt, welches die Befugnisse des Reichsjustizministeriums wahrnimmt (VO. Nr. 41), das Zentralhaushaltsamt, das Zentralamt für Ernährung und Landwirtschaft, sämtlich in Hamburg, das Zentralamt für Wirtschaft in Minden, das Zentralamt für Arbeit in Lemgo. Außerdem gibt es die Leitstelle für Finanzverwaltung, die die Befugnisse des Reichsfinanzministeriums wahrnimmt (VO. vom 1. 3. 1946), den Rechnungshof des Deutschen Reichs, die Reichsbankleitstelle, die die Aufgaben der früheren Hauptverwaltung der Reichsbank wahrnimmt, den deutschen Forst- und Holzwirtschaftsrat, das Zonenamt des Reichsaufsichtsamtes für Privatversicherungen, das Statistische Amt, die Feststellungsbehörde, sämtlich in Hamburg, die Reichspostoberdirektion in Salzuflen, das Zentralamt für Vermessungswesen in Gifthorn, das Zentralamt für Vermögensverwaltung in Stadthagen.

Der für die amerikanische Zone bestehende Länderrat ist eine Vertretung der Landesregierungen ohne Verwaltungsbefugnisse.

Die die Zuständigkeit der einzelnen Länder überschreitende Verwaltung beschränkt sich auf das Wirtschaftsleben und wird seit dem Frühjahr 1947 durchgeführt durch den Wirtschaftsrat für die vereinigten Wirtschaftsgebiete der britischen und amerikanischen Zone. Die endgültige Form des Wirtschaftsrates ergibt sich aus der amerikanischen Proklamation Nr. 7 und der gleichlautenden britischen Ordinance Nr. 126, beide mit Wirkung vom 9. 2. 1948.

Diese Zweizonenwirtschaftsverwaltung setzt sich zusammen aus dem Wirtschaftsrat, bestehend aus 52 von der Militärregierung ernannten und weiteren 52 von den Landesparlamenten bestimmten Mitgliedern, dem Länderrat, bestehend aus den sechs Ministerpräsidenten der Länder der britischen und amerikanischen Zone und den beiden Bürgermeistern von Hamburg und Bremen, dem Verwaltungsrat, bestehend aus dem die Verwaltung durchführenden Oberdirektor und jetzt fünf Direktoren, dem Obergericht, der Länder-Union-Bank und einer Anzahl weiterer Verwaltungsstellen.

Wirtschaftsverwaltung befaßt sich vorwiegend mit Gegenständen, die das Verwaltungsrecht nicht berühren [4]). Doch gehören zur Zuständigkeit der Zweizonenwirtschaftsverwaltung auch Aufgaben verwaltungsrechtlichen Inhalts, wie z. B. Preisgestaltung, polizeiliche Kontrollen, Verwaltungszwang. Die Rechtsnatur der Wirtschaftsverwaltung ist bestritten. Man wird sämtliche Stellen als Dienststellen der Militärregierung aufzufassen haben [1]).

In der französischen Zone hat die Militärregierung alle zonalen Angelegenheiten selbst erledigt, ohne eine deutsche Zonenverwaltung aufkommen zu lassen. Die Zuständigkeit der Länder wurde durch Verordnung Nr. 95 vgm 9. 6. 1947 und Verordnung Nr. 118 vom 10. 6. 1947 (Journal officiel, S. 780, 796) abgegrenzt. Danach sind als Zonenämter nur zugelassen das Zentral-Post- und Fernmeldeamt in Rastatt, das Hauptversicherungsamt in Speyer, das Koordinierungskomitee der Landeszentralbanken in Speyer. Die unter Landesverwaltung stehenden Eisenbahnen haben eine Betriebsgesellschaft der Eisenbahnen Südwestdeutschlands errichtet. Außerdem bestehen als Dienststellen der Militärregierung, die vielfach mit deutschem Personal arbeiten, die Ofimex, d. i. das Außenhandelszentralamt in Baden-Baden, die Devisenbewirtschaftungsstelle, die Entschädigungskommission, die Verwaltung der amtlichen Verkündungsorgane, die Deutsche beratende Preiskommission, der Vermißten- und Flüchtlingssuchdienst, das Jagd- und Fischereiamt.

---

[4]) Vgl. 17. Kapitel.

[1]) Vgl. die Kontroverse Hoepfner-von Mangold in: MDR. 1948, Heft 6 und 12.

In der russischen Zone wurden Zentralämter durch Befehl der Sowjetischen Militäradministration (SMAD) vom 27. 7. 1945, mitgeteilt am 13. 9. 1945, errichtet. Die Abgrenzung der Zuständigkeiten der Zentralverwaltungen von den Ländern erfolgte durch Befehl Nr. 138 vom 4. 6. 1947. Es bestehen deutsche Zentralverwaltungen für Arbeit und Sozialfürsorge, für Brennstoffindustrie und Energie, für das Finanzwesen, für das Gesundheitswesen, für Handel und Versorgung, für Industrie, für das Innere, insbesondere Polizei, für die Justiz, für Land- und Forstwirtschaft, für Post- und Fernmeldewesen, für Statistik- für deutsche Umsiedler, für Verkehr, für die Reichsbahn, für Wasserwirtschaft, für Kraftverkehr und Straßenwesen, für Volksbildung, für sozialökonomische Probleme, für Interzonen- und Außenhandel, sämtlich in Berlin.

Die Zentralverwaltungen haben keine eigene Exekutive. Ihre Anweisungen werden von den Ländern ausgeführt. Sie unterstehen keiner deutschen Kontrolle. Sie werden tätig auf Befehl der Militärregierung oder aus eigener Initiative. Wegen dieser unmittelbaren Abhängigkeit von der Militärregierung können sie nicht als Körperschaften des öffentlichen Rechts nach einer deutschen Rechtsordnung angesehen werden. Vielmehr sind sie Behörden der Militärregierung, die sich in diesem Fall zur Erledigung der sich aus dem Zustand der Besatzung ergebenden Arbeiten besonderer durch Einheimische besetzter Dienststellen bedient.

Die Koordinierung der Zentralverwaltungen auf wirtschaftlichem Gebiet und die wirtschaftlich einheitliche Ausrichtung der Ostzone wird durchgeführt durch die gemäß Befehl der Militärregierung am 12. 6. 1947 begründete Wirtschaftskommission, bestehend aus einigen Präsidenten der Zentralverwaltungen, Vertretern der Gewerkschaften und der Vereinigung der gegenseitigen Bauernhilfe.

7. Landesbehörden.

a) Preußen.

Die Grundlagen des Behördenaufbaus stammen von dem Kurfürst Friedrich Wilhelm, der den Staatsrat zur zentralen Verwaltungsbehörde machte. Daneben standen noch andere Hofbehörden, die Amtskammer für die Domänenverwaltung und das Konsistorium für die kirchlichen Angelegenheiten.

Die späterhin so bezeichnete erste Verwaltungsreform unternahm König Friedrich Wilhelm I. Er schuf als oberste Landeszentralbehörde das Generaldirektorium. Außerdem gab es in der Zentralinstanz Kabinettminister und in der Mittelinstanz die Kriegs- und Domänenkammern. Auf dem Lande wurde der Kreisdirektor, der seit 1701 die Dienstbezeichnung Landrat erhielt, mehr und mehr eine staatliche Behörde. Die Städte wurden weitgehend Steuerräten unterstellt.

Die Stein-Hardenbergsche Verwaltungsreform, die sog. zweite, gestaltete alle drei Instanzen um. An die Spitze der Verwaltung traten die sog. fünf klassischen Ministerien für Inneres, Äußeres, Finanz, Kirchen und Justiz. In der Mittelinstanz wurden die Oberpräsidenten als Spitze einer jeden Provinz geschaffen. Außerdem wurden an die Stelle der Kriegs- und Domänenkammern die Regierungsbezirke gesetzt. In der Lokalinstanz wurde weitgehend die Selbstverwaltung eingeführt.

Die dritte Verwaltungsreform fand unter dem Einfluß von Bismarck und Gneist in den siebziger Jahren des 19. Jahrhunderts statt. Sie führte in das bestehende Behördensystem die politische Selbstverwaltung durch Beteiligung von Laien und die Verwaltungsgerichtsbarkeit ein.

Gegen Ende der Republik ergab sich folgendes Bild:

Grundlage des Verwaltungsaufbaus waren vor allem das Landesverwaltungsgesetz vom 30. 6. 1883 und das Zuständigkeitsgesetz vom 1. 8. 1883. An der Spitze der inneren Verwaltung stand der Minister des Inneren. Unter seiner Oberleitung führten in den Provinzen die Oberpräsidenten, in den Regierungsbezirken, in welche die Provinzen eingeteilt waren, die Regierungspräsidenten und in den Landkreisen, in welche diese eingeteilt waren, die Landräte die Verwaltung durch. Alle diese Beamte waren Staatsbeamte.

Neben ihnen standen zur Bearbeitung bestimmter im Gesetz vorgesehener Aufgaben, insbesondere der Beschlußsachen, kollegiale Ausschüsse, die teilweise mit durch von den parlamentarischen Körperschaften auf der Ebene der jeweiligen Instanz oder der nächst höheren Ebene gewählten Laien besetzt waren, und zwar in der Provinz der Provinzialrat, im Regierungsbezirk der Bezirksausschuß und im Kreis der Kreisausschuß.

Sämtliche Behörden, nicht die Ausschüsse, arbeiteten nach dem bürokratischen System. Eine Ausnahme bestand nur für die Regierungen, wo es neben der vom Regierungspräsidenten geleiteten Abteilung I (Präsidialabteilung), die kollegial arbeitenden Abteilungen II (Kirchen- und Schulwesen) und III (Steuern, Domänen und Forsten) gab. Die unterste Stelle der Staatsverwaltung nahmen die Ortspolizeiverwaltungen ein.

Dieser staatlichen von „oben nach unten" organisierten Verwaltung wuchs die lokale Selbstverwaltung von „unten nach oben" entgegen. Sie füllte gleichzeitig die vorhandenen Lücken aus, nämlich die Verwaltung in der Lokalinstanz und in den neben den Landkreisen stehenden wegen ihrer Größe landkreisfreien Städten, die eigene Stadtkreise bildeten.

Dieser Aufbau war im wesentlichen im ganzen Land Preußen vorhanden. Eine Sonderstellung nahm lediglich Berlin ein, welches gleichzeitig Provinz, Regierungsbezirk, Stadtkreis und Gemeinde war (Gesetz über die Bildung von Groß-Berlin i. d. F. vom 30. 3. 1931 — GS. 39 —).

b) Länder auf preußischem Gebiet.

Nach der Auflösung Preußens (Kontrollratsgesetz Nr. 46) wurde in den einzelnen Ländern der staatliche Behördenaufbau im wesentlichen beibehalten.

Da das Territorium dieser Länder das Gebiet von zwei preußischen Provinzen in keinem Fall überschreitet, hatte das fast automatisch den Übergang der Funktionen der Provinzialverwaltung auf die neuen Landesregierungen zur Folge. Es gibt also nun keine Oberpräsidien mehr. Andrerseits können die bisher von den Oberpräsidien erledigten Aufgaben deswegen nicht in vollem Umfang durch die Landesregierungen wahrgenommen werden, weil Regierungen in erster Linie regieren und nicht verwalten sollen. Das hat mithin eine Verschiebung der reinen Verwaltungsaufgaben in tiefere Instanzen zur Folge.

Es ist eine stark erörterte Frage, ob die Regierungspräsidenten als selbständige Instanz beibehalten, ob sie überhaupt verschwinden oder ob sie als Außenstellen der Landesregierungen ausgestaltet werden sollen. Zunächst gingen an vielen Stellen zu beobachtende Bestrebungen dahin, die Mittelinstanz aufzuheben und die gesamte Verwaltung vorwiegend durch die Stadt- und Landkreise erledigen zu lassen. Demgegenüber scheint aber gerade die Notwendigkeit, die Landesregierungen, also die bisherige Provinzialinstanz von Verwaltungsgeschäften zu entlasten, eine Verwaltungsmittelinstanz nötig zu machen. Bisher bestehen jedenfalls, außer in der Ostzone, die Regierungspräsidien im wesentlichen in der alten Form weiter.

Die Stellung der Kreise hat sich gegenüber früher in der russischen, amerikanischen und britischen Zone dahin verändert, daß auch die Landkreise dort nunmehr reine Selbstverwaltungsbehörden sind. Der Regierungspräsident ist so nicht mehr unmittelbarer Vorgesetzter der leitenden Beamten des Kreises, sondern er kommt mit ihnen in anderer Weise zusammen: Bei Auftragsangelegenheiten ist er häufig Beschwerdeinstanz und hinsichtlich der gesamten Kommunalverwaltung, die also von Stadtkreisen und von Landkreisen ausgeübt wird, ist er Staatsaufsichtsbehörde [5]).

Bei der Lokalinstanz ist in der gesamten britischen Zone eine Änderung insofern eingetreten, als es keine Kommunalbeamten als Ortspolizeibehörde mehr gibt. Die Polizei ist dort in anderer Weise geregelt [6]). Im Ergebnis ist dadurch die unmittelbare Staatsverwaltung aus der untersten Instanz völlig verschwunden. Auch sie ist wie die Kreisverwaltung reine Selbstverwaltung [7]).

c) Bayern.

An der Spitze der inneren Verwaltung steht das Staatsministerium des Inneren. Ihm unterstellt sind die acht Kreisregierungen, die durch Präsidenten geleitet werden. Diese Instanzen entsprechen den preußischen Regierungen. Die bayerischen Kreise sind eingeteilt in Bezirke, deren Verwaltung durch Bezirksämter erledigt wird. Die Ortspolizei ist den Gemeindebehörden anvertraut, sofern nicht für größere Städte eine eigene Polizeiverwaltung besteht. Dieser gesamte Verwaltungsaufbau ist nach 1945 im wesentlichen beibehalten worden.

d) Württemberg.

Dem Minister des Inneren unterstehen seit der Verwaltungsreform von 1924 unmittelbar die von Landräten geleiteten Ober-

---

[5]) Genauer meine Politische Selbstverwaltung.

[6]) Vgl. unten 15. Kapitel.

[7]) Die rechtlichen Grundlagen sind infolge der verschiedenen Entwicklung in den einzelnen Ländern und der nur mangelhaften laufenden Fühlungnahme und gegenseitigen Abstimmung aufeinander derart verschieden, daß bei jedem Einzelfall unbedingt an Hand der für das jeweilige Land veröffentlichten amtlichen Äußerungen (meist in Gesetz- und Verordnungsblättern) die Behördenstruktur besonders festgestellt werden muß. Das ist durchaus möglich, weil die amtlichen Publikationen der Länder nunmehr bei jeder Bibliothek und jeder größeren Behörde greifbar sind. Deshalb wird eine alle Einzelheiten berücksichtigende Darstellung dieses hoffentlich ohnehin nur vorübergehenden Zustandes in einem Leitfaden für unentbehrlich gehalten.

ämter. Ortspolizeibehörde ist in der Regel der Ortsvorsteher, auch hier mit Ausnahme der großen Städte, für die eine eigene Polizeiverwaltung besteht.

Württemberg ist seit langem bestrebt, seine Verwaltung zu rationalisieren und zu modernisieren. Das wichtigste Ergebnis dieser Bestrebungen ist der Entwurf einer Verwaltungsrechtsordnung für Württemberg und der Entwurf eines Verwaltungsverfahrensgesetzes, beide von 1931, die zwar infolge widriger äußerer Umstände niemals geltendes Recht wurden, aber doch auf Praxis und Theorie einen bedeutenden Einfluß ausüben. Als neue Schwierigkeit tritt nunmehr die mitten durch das Land laufende Zonengrenze und die Aufspaltung in mehrere neue Länder hinzu.

e) Baden.

Dem Innenminister unterstehen Bezirksämter. Die Polizei ist geregelt wie in Württemberg.

Nach der Neubildung der Länder Nordwürttemberg-Baden in der amerikanischen Zone und Südwürttemberg-Hohenzollern und Südbaden in der französischen Zone mußten die bestehenden Verschiedenheiten einander angeglichen werden.

f) Sachsen.

Der staatliche Instanzenzug steigt von den Amtshauptmannschaften über die Kreishauptmannschaften zum Innenministerium. Ortspolizeibehörde ist der Gemeinderat mit Ausnahme der großen Städte, die eine staatliche Polizeiverwaltung haben.

Die sächsische Verwaltung war diejenige auf deutschem Gebiet, die sich am weitesten den Ergebnissen der Lehre von Otto Mayer anschloß und die deshalb für die Verwaltungsrechtswissenschaft von besonderem Interesse ist.

g) Thüringen.

Das Grundgesetz der thüringischen Verwaltung ist die Landesverwaltungsordnung von 1926/1930, die durch das thüringische Landesgesetz vom 26. 11. 1945 — Regierungsbl. 1946 T. I, S. 53 — an den neuen Staatsaufbau angepaßt wurde.

h) Landesfreie Städte.

Während Lübeck ein Teil des Landes Schleswig-Holstein ist, bilden Hamburg, britische Zone, Bremen, amerikanische Zone, und Berlin selbständige Länder. Bei ihnen fällt staatliche und kommunale Verwaltung weitgehend zusammen.

11. Kapitel
Organisation der Selbstverwaltung

1. Grundgedanke.

Die Selbstverwaltung will den Staatsbürger an der Verwaltung der örtlichen Angelegenheiten beteiligen und in ihm dadurch Interesse an den lokal-politischen Fragen als auch an der allgemeinen Staatspolitik erwecken. Das Interesse soll nicht nur theoretisch sein und dadurch Gefahr laufen, sich in negativer Kritik zu erschöpfen. Vielmehr soll es auch die Möglichkeit praktischer Betätigung haben. Wer Gelegenheit hat, seine Gedanken in die Tat umzusetzen, wird vorsichtiger in kritischen Äußerungen, weil er die Schwierigkeiten kennt. So ist die Selbstverwaltung eine wichtige Schule für eine staats- und gemeinschaftserhaltende Gesinnung.

Weiterhin ist sie deshalb entstanden, weil jeder Mensch seine eigenen Angelegenheiten am besten selbst erledigt. Stein sagt im Eingang zur Städteordnung von 1808: „Die Nation muß daran gewöhnt werden, ihre eigenen Geschäfte zu verwalten und aus diesem Zustand der Kindheit herauszutreten, worin eine immer unruhige, immer dienstfertige Regierung die Menschen halten möchte."

2. Arten.

Selbstverwaltung innerhalb der deutschen Verwaltung ist in zweierlei Art möglich:

Die gesamten Verwaltungsaufgaben werden, soweit sie nicht der Staat selbst oder von ihm mit der Erledigung von Einzelaufgaben betraute Personen des öffentlichen Rechts ausüben, erledigt durch öffentlich-rechtliche Gebietskörperschaften, die Gemeinden und Gemeindeverbände. Diese Art der Verwaltung ist die lokale oder kommunale Selbstverwaltung.

Innerhalb irgendwelcher Behörden, seien es staatliche, seien es kommunale, werden nicht nur Berufsbeamte, sondern auch Laien als Ehrenbeamte oder in sonstiger Form tätig. Diese Art der Verwaltung ist Selbstverwaltung im politischen Sinn.

Die Selbstverwaltung im politischen Sinn verfügt nicht über einen eigenen Behördenapparat, sondern sie ist in die bestehenden Behörden eingebaut. Die lokale oder kommunale Selbstverwaltung indessen hat eigene Behörden, deren Tätigkeit diejenige der staatlichen Behörden ergänzt. Wenn von einer Organisation der Selbstverwaltung die Rede ist, so ist nur sie gemeint.

3. Geschichte.

Im Mittelalter führten auf genossenschaftlicher Basis zusammengefaßte Gruppen in den Städten die Verwaltung durch. Meist waren es in Innungen oder Zünften organisierte Kaufleute oder Handwerker, die ängstlich darauf bedacht waren, keinen Fremden in ihren, die lokale Macht ausübenden Kreis eindringen zu lassen. In diese oligarchische Verwaltung drangen durch die Zunftkämpfe der beginnenden Neuzeit nach und nach neue Elemente ein. Die sich selbst auferlegte Beschränkung war aber die Hauptursache, die die Selbstverwaltung des alten Reichs der emporstrebenden landesherrlichen Verwaltung gegenüber nicht mehr konkurrenzfähig machte. So verschwand die städtische Selbständigkeit im Osten des Reichs völlig. Im Westen konnte sie sich einerseits wegen ihrer größeren Aufgeschlossenheit neueren Entwicklungen gegenüber, aber auch wegen der geringeren Machtfülle der meist nur kleineren Territorialherren halten.

So fand sie hier den Anschluß an die in Preußen durch Freiherr von Stein und Fürst Hardenberg durchgeführten Reformen auf dem Gebiet der gesamten Verwaltung, während im Osten Deutschlands die Einführung der kommunalen Selbstverwaltung eine völlige Neuerung war. Das wichtigste Ergebnis der Stein-Hardenbergschen Verwaltungsreform für die örtlichen Gemeinschaften war die Städteordnung von 1808. Auf dem Lande blieben im wesentlichen die bisherigen Zustände erhalten. Soweit die Verwaltung nicht patrimonial durch die Gutsbesitzer durchgeführt wurde, war sie staatlich.

Die anderen deutschen Staaten folgten im Laufe der ersten Hälfte des 19. Jahrhunderts dem preußischen Vorbild.

Einen weiteren Schritt vorwärts tat man dann erst wieder nach der Gründung des Deutschen Reichs unter dem Einfluß von Bismarck und Gneist. In den folgenden Jahrzehnten befestigten sich verschiedene Selbstverwaltungssysteme, so daß damals die Verhältnisse entstanden, die im wesentlichen heute noch vorhanden sind.

4. Begriff.

Die Feststellung des Begriffs der Selbstverwaltung hängt davon ab, ob man im gesamten Aufbau der staatlichen Gemeinschaft den Staat oder die Gemeinden als das Primäre ansieht.

Die Gemeinden können betrachtet werden als organisch gewachsene und gewordene Verbandspersönlichkeiten, die zwar sich dem Staat in jeder Richtung einfügen, aber ein Recht auf selbständiges Dasein und einen eigenen, aus ihrem Daseinszweck sich ergebenden Wirkungskreis haben. Das widerspricht jedoch der nun herrschenden Lehre von der Einheit des Imperiums.

Infolgedessen werden die Gemeinden angesehen als öffentlich-rechtliche Gebietskörperschaften, die lediglich ihnen vom Staat überlassene Verwaltungsaufgaben erledigen.

5. Gemeindeverwaltungssysteme.

Ein für das ganze Reichsgebiet einheitliches Selbstverwaltungssystem hat es nie gegeben. Vielmehr bestanden bis 1933 zahlreiche Gemeinde-, Landkreis- und Städteordnungen. Im Jahre 1935 wurde zwar eine für das ganze Reichsgebiet geltende Gemeindeordnung (DGO.) erlassen, jedoch ist das von ihr eingeführte System nicht als Selbstverwaltung zu bezeichnen. Die Verwaltungsleiter sind nicht Bevollmächtigte und Vertreter der Bürgerschaft, sondern staatliche Befehlsempfänger.

Nach 1945 wurden mit gewissen Ausnahmen in der Selbstverwaltungsorganisation die Zustände aus der Zeit vor 1933 wiederhergestellt.

Zu unterscheiden sind Einkörpersysteme und Zweikörpersysteme, je nachdem, ob die gewählte Körperschaft, der Gemeinderat, und die die Verwaltung im einzelnen durchführenden Stellen, der Gemeindevorstand mit seinen Mitarbeitern, als Einheit zusammengefaßt oder getrennt sind.

Einkörpersysteme sind die süddeutsche Gemeinderat- oder Stadtratverfassung sowie die echte und unechte Bürgermeisterverfassung. Zweikörpersysteme sind die echte und die unechte Magistratsverfassung[1]).

[1]) Näheres meine Schrift: Grundlagen einer neuen Gemeindeordnung. Minden 1948.

12. Kapitel
Rechtsschutz
(I. Beschwerde)

1. Das Beschwerderecht.

Die Mehrzahl der modernen Behörden ist in mehreren Instanzen aufgebaut. Hieraus ergibt sich grundsätzlich die Möglichkeit, die Entscheidung der unteren Verwaltungsinstanzen durch die ihr vorgesetzte höhere Instanz nachprüfen zu lassen.

Dieser für den modernen Rechtsstaat selbstverständliche Rechtsschutz wurde in der Vergangenheit, vor allem im absolut regierten Staat den Staatsbürgern erst nach langen Kämpfen verliehen. Noch das preußische Patent vom 29. 7. 1794 beispielsweise legt das Schicksal der „Bittsteller", die mit der Entscheidung einer Behörde nicht zufrieden sein zu können glaubten, völlig in die Hand der Behörde. Im Laufe des 19. Jahrhunderts gaben dann die meisten deutschen Verfassungen den Staatsbürgern ein Beschwerderecht. Die Weimarer Reichsverfassung erklärte im Anschluß hieran das Recht, „sich schriftlich in Bitten oder Beschwerden an die zuständige Behörde oder an die Volksvertretung zu wenden" (Art. 126) zum verfassungsmäßigen Grundrecht der Deutschen.

Eine für das gesamte Gebiet der Verwaltung einheitliche Beschwerdeform ist angesichts der Vielartigkeit der zu treffenden Entscheidungen nicht denkbar. Nach und nach haben sich jedoch verschiedene immer wiederkehrende Arten herausgebildet.

2. Die Vorstellung.

Die Vorstellung, auch Remonstration genannt, ist eine bei der entscheidenden Behörde selbst erhobene Beanstandung der getroffenen Entscheidung. Sie ist an Formen, insb. an Fristen nicht gebunden. Die Behörde kann darauf eingehen, braucht es aber nicht. Die früher geäußerte Ansicht, daß sie noch nicht einmal eine Antwort zu geben brauchte, dürfte überholt sein. Da die Verwaltung für den Bürger da ist und nicht umgekehrt, hat der Bürger auch einen Anspruch darauf, zu erfahren, ob sein sachliches Vorbringen von der Behörde überhaupt zur Kenntnis genommen wurde. Äußerstenfalls steht ihm dort, wo wegen unterlassener Verwaltungsakte Klage im Verwaltungsstreitverfahren möglich ist, diese

Klage zu. Es ist dann Sache der Behörde, darzutun, weshalb eine Beantwortung unterblieben ist.

3. Der Einspruch.

Ausnahmsweise sind für die Vorstellung in einzelnen Gesetzen besondere Formen vorgeschrieben. Sie wird dann als Einspruch bezeichnet. Die Rechtsterminologie hat sich dahin entwickelt, daß man unter Einspruch stets eine Beanstandung versteht, die an die entscheidende Behörde selbst geht und von ihr entschieden wird. Hier von einem Anspruch des den Einspruch Erhebenden auf Entscheid zu sprechen, ist müßig, weil das ganze Verfahren im Gesetz jeweils geregelt ist. Die Pflichten der Behörde im einzelnen folgen so aus dem Gesetz oder den auf ihm beruhenden Durchführungsbestimmungen. Einspruch wird im allgemeinen da zugelassen, wo Massenentscheidungen ergehen, die eine Nachprüfung des Einzelfalls erschweren. Ein großer Prozentsatz der entschiedenen Fälle erledigt sich auf Anhieb. Nur ein Bruchteil muß dann noch infolge eingelegten Einspruchs genauer nachgeprüft werden. Dadurch spart die Behörde Zeit und Kraft.

4. Dienstaufsichtsbeschwerde.

Diese Beschwerde, auch allgemeine Verwaltungsbeschwerde genannt, ist diejenige, die die Bestimmungen der Verfassungen insbesondere meinen. Sie kann eingebracht werden neben anderen im Gesetz besonders vorgesehenen Rechtsbehelfen. Sie ist aber auch möglich, wenn solche Rechtsbehelfe nicht gegeben sind. Sie richtet sich an die dienstvorgesetzte Stelle der entscheidenden Behörde, wobei es auf den Instanzenzug nicht ankommt. Sollen Entscheidungen von Kommunalbehörden nachgeprüft werden, so ist sie ohne Einschränkung möglich bei Auftragsangelegenheiten auch dann, wenn die staatliche Instanz nicht formelle Beschwerdeinstanz ist (z. B. Beschwerden gegen die nicht anfechtbaren Entscheide der bei den Kreisen befindlichen Preisbehörde für Mieten und Pachten). Hinsichtlich der Entscheidungen der Kommunalbehörde in eigenen Gemeindeangelegenheiten ist sie nur möglich im Rahmen der allgemeinen Staatsauffidht. Diese Beschwerde ist ein subjektiv-öffentliches Recht.

5. Förmliche Beschwerde.

Sie ist nur möglich, wo sie im Gesetz zugelassen ist. In den einzelnen Bestimmungen werden auch ihre Voraussetzungen und Formen, die entsprechend dem gesamten Aufbau des Verwaltungsrechts äußerst uneinheitlich sind, geregelt.

Sind keine speziellen Gesetzesbestimmungen für den in Betracht kommenden Sachverhalt zu ermitteln, so ist zu prüfen, ob die in den allgemeinen Verwaltungsgesetzen der Länder enthaltenen Bestimmungen angewandt werden können (z. B. §§ 36 thür. LVO.. i. d. F. vom 26. 11. 1945, §§ 50 pr. LVG. in Verb. mit §§ 21 ff Vereinfachungsvo. i. d. F. vom 11. 12. 1934).

Förmliche Beschwerde kann nur der Beschwerte einlegen. Das ist in der Regel derjenige, dem die angefochtene Entscheidung bekannt gegeben wurde (vgl. pr. OVG. 77, 45). Beschwerdeadressat ist die nächsthöhere Instanz. Aus Zweckmäßigkeitsgründen kann bestimmt sein, daß die Beschwerde bei der Behörde, deren Entscheidung angefochten ist, eingelegt wird (z. B. §§ 122, 129 pr.LVG., § 234 RAO.)

Die weitere Beschwerde ist, wenn das Gesetz sie zuläßt, ähnlich der Beschwerde.

Die förmliche Beschwerde als subjektiv-öffentliches Recht zu bezeichnen ist ebenso müßig wie beim Einspruch. Denn die Rechte und Pflichten des Beschwerdeführers ergeben sich aus den einzelnen Bestimmungen.

Die Frage, ob die eingelegte Beschwerde die Vollziehung des angefochtenen Verwaltungsaktes hemmt (Suspensiveffekt), ist von den Gesetzen nicht einhellig beantwortet. Wenn nicht im Einzelfall eine besondere gesetzliche Bestimmung zur Anwendung kommt, wird sich der Beschwerdeführer auf eine Einstellung nicht verlassen können, da die bisher entscheidende Behörde immer geltend machen kann, die sofortige Vollziehung sei im Interesse einer ordnungsgemäßen Verwaltung nötig.

6. Rechtsbeschwerde.

Im Verwaltungsstreitverfahren kann die Beschwerde als Rechtsmittel eingebaut sein. In diesen Fällen gleicht die Beschwerde den Beschwerden im Zivil- oder Strafprozeß (z. B. § 16 Patentgesetz, §§ 39, 47, 59, 62, 102 UVG, §§ 129, 155, 178 InvVG.).

---

1) Vgl. oben 5. Kapitel.

13. Kapitel
Rechtsschutz
(II. Verwaltungsgerichtsbarkeit)

1. Entstehung.

Anknüpfend an die Grundgedanken des älteren Justizstaates entstanden nach dem Ende des absoluten Staates Bestrebungen, eine gerichtliche Kontrolle der Verwaltungshandlungen durchzuführen. Es lag nahe, zunächs an eine Kontrolle durch die ordentlichen Gerichte zu denken. Ihren bedeutendsten Einfluß erreichte diese Ansicht durch ihre Aufnahme in die Frankfurter Reichsverfassung von 1848, wonach die Verwaltungsrechtspflege aufhören sollte und über alle Rechtsverletzungen die ordentlichen Gerichte entscheiden sollten (§ 182). Jedoch setzte sich diese Richtung auf die Dauer nicht durch. Vielmehr schufen, beginnend in den siebziger Jahren unter dem Einfluß des preußischen Staatsrechtslehrers Rudolf von Gneist, die deutschen Einzelstaaten selbständige Verwaltungsgerichte.

Die Stellung der Richter an den Verwaltungsgerichten war die gleiche wie diejenige der Richter an den ordentlichen Gerichten. Hierdurch war vor allem die Unabhängigkeit und Selbständigkeit der Verwaltungsrechtspflege gewährleistet.

2. Ausbau.

a) Im Reich.

Die Verwaltungsgerichtsbarkeit wurde sodann auch auf die Reichsverwaltung ausgedehnt. Doch entstanden hier nur Sondergerichte, z. B. das Bundesamt für Heimatwesen, das Reichsversicherungsamt, das Reichsaufsichtsamt für Privatversicherungen, das Reichsoberseeamt, das Reichspatentamt.

Im ersten Weltkrieg kam der in der Folgezeit sehr bedeutungsvolle Reichsfinanzhof in Müchen hinzu.

Nach 1919 entstanden das Reichswirtschaftsgericht mit dem Reichskartellgericht und das Reichversorgungsgericht. Art. 107 WRV. machte die Verwaltungsgerichtsbarkeit in Reich und Ländern obligatorisch.

Durch Führererlaß vom 3. 4. 1941 wurde ein Reichsverwaltungsgericht geschaffen. Es nahm zahlreiche Spezialverwaltungsgerichte des Reichs und das preußische Oberverwaltungsgericht in sich auf. Neben ihm bestehen blieben nur noch der Reichsfinanzhof, das Reichsversicherungsamt, das Reichsaufsichtsamt für Privatversicherung, das Reichsoberseeamt. Die richterliche Unabhängigkeit wurde für das Reichsverwaltungsgericht nur in beschränktem Umfang gewährleistet.

Nach dem Zusammenbruch verschwanden alle Reichsverwaltungsgerichte. Das bayrische oberste Finanzgericht in München bemüht sich, die Tradition des Reichsfinanzhofs zu übernehmen und seine Entscheidungen so abzusetzen, daß sie für das ganze Reichsgebiet Anwendung finden können.

Das Kontrollratsgesetz Nr. 36 vom 10. 10. 1946 ordnet an, daß im gesamten Reichsgebiet in den einzelnen Ländern Verwaltungsgerichte errichtet werden sollen.

b) In den Ländern.

Wo bis 1919 noch keine Oberverwaltungsgerichte oder Verwaltungsgerichtshöfe als oberste Landesinstanz gegründet waren, geschah dies in Verfolg der Anweisung der Weimarer Reichsverfassung (Art. 107). Der Aufbau der ihnen unterstellten Instanzen war nicht in allen Ländern einheitlich. Meist jedoch war eine untere und eine mittlere Instanz vorhanden. In Preußen gab es gemäß den Bestimmungen des LVG. und ZG. die Bezirksausschüsse bei den Regierungen teils als erste, teils als Rechtsmittelinstanz, sodann Kreisausschüsse bei den Landkreisen und Stadtausschüsse bei den Stadtkreisen, beide stets als erste Instanz.

Besonder Verwaltungsgerichte waren in Preußen auf der Ebene des Regierungsbezirks die Oberversicherungsämter, die Versorgungsgerichte, die staatlichen Schlichtungsausschüsse.

Nach 1933 wurde die Verwaltungsgerichtsbarkeit stufenweise abgebaut. Zunächst zwar traten an die Stelle der Bezirks- und Kreisausschüsse am 1. 1. 1934 Bezirks- und Kreisverwaltungsgerichte. Zu Beginn des zweiten Weltkriegs jedoch waren z. B. in Preußen die Kreis- und Stadtverwaltungsgerichte und im Reich die Finanzgerichte beim Oberfinanzpräsidenten verschwunden.

Nach den Richtlinien des Kontrollratsgesetzes Nr. 36 erfolgte nach 1945 der Wiederaufbau der Verwaltungsgerichtsbarkeit auf

Länderbasis. Der Rahmen des Kontrollratsgesetzes ist derart weit, daß in den einzelnen Ländern erheblich Unterschiede in Aufbau und Verfahren vorhanden sind.

Am frühesten hatten die Länder der amerikanischen Zone eine Lösung gefunden, wo gleichlautende Gesetze ergingen, am 25. 9. 1946 in Bayern, am 16. 10. 1946 für Nord-Württemberg-Baden, am 31. 10. 1946 für Hessen.

In der französischen Zone begnügen sich die Länder entsprechend ihrem geringen Umfang mit zwei Instanzen, und zwar je ein Landesverwaltungsgericht am Regierungssitz und Bezirksverwaltungsgerichte bei den Regierungen.

Die Länder der russischen Zone kennen i. a. nur eine Instanz, nämlich ein Verwaltungsgericht für das ganze Land.

In der britischen Zone trat am 1. 4. 1948 die Verordnung Nr. 141 in Kraft. Art. I—VI, X, XI dieser Verordnung wurden jedoch wieder aufgehoben durch die seit dem 15. 9. 1948 geltende Verordnung Nr. 165, die genau wie die Gesetze der süddeutschen Länder eine eingehende Regelung der Materie enthält.

In Berlin gibt es Verwaltungsgerichte nur im britischen und amerikanischen Sektor.

Die Bezeichnung der Gerichte ist verschieden. In der britischen Zone heißen die unteren Instanzen Landesverwaltungsgerichte, die oberen Instanzen Oberverwaltungsgerichte, in der amerikanischen Zone entsprechend Verwaltungsgerichte und Verwaltungsgerichtshöfe, in der französischen Zone Bezirksverwaltungsgerichte und Landesverwaltungsgerichte, in Berlin Stadtverwaltungsgerichte und Bezirksverwaltungsgerichte, letztere für je einen Sektor.

Allen Regelungen gemeinsam ist, daß grundsätzlich die Gerichte nur angerufen werden können, wenn sämtliche Rechtsmittel im Verwaltungsverfahren erschöpft sind. Je weniger gerichtliche Instanzen es gibt, desto schärfer sind die gestellten Anforderungen und desto seltener die Ausnahmen. Umgekehrt jedoch ist die im Gesetz vorgesehene Unanfechtbarkeit eines Verwaltungsaktes im Verwaltungsverfahren kein Hindernis für die Einleitung eines Verwaltungsgerichtsverfahrens.

Außer den allgemeinen Verwaltungsgerichten haben auch einige Sondergerichte ihre Tätigkeit wieder aufgenommen. Die wichtigsten sind die Oberverwaltungsämter bei den Regierungsbezirken und die Einspruchs- und Beschwerdestellen in Wohnungssachen (Kontrollrats-Gesetz Nr. 18). Als Nachfolger des Reichsfinanzhofs amtiert seit 1947 der Oberste Finanzhof in München mit der örtlichen Zuständigkeit für die gesamte amerikanische Zone. In der britischen Zone werden auch die unteren Finanzgerichte wieder aufgebaut (brit. VO. Nr. 175).

3. Zuständigkeit.

Die Zuständigkeit der Verwaltungsgerichte beschränkt sich grundsätzlich auf die Nachprüfung von Rechtsfragen. Das Gericht hat zunächst zu prüfen, ob die Verwaltungsbehörde das bestehende Recht richtig angewandt hat. Dabei ist das zur Zeit des Erlasses des Verwaltungsaktes geltende Recht maßgeblich und nur in gesetzlich besonders zu bezeichnenden Ausnahmefällen das zur Zeit der Urteilsfällung geltende Recht (pr. OVG. 85, 423). Das Gericht hat ferner zu prüfen, ob die von der Verwaltungsbehörde angewandten Bestimmungen wirklich geltendes Recht sind („Nachprüfung des Gesetzes"). Diese Prüfung ist jedoch nur in dem vom Gesetz festgelegten Rahmen möglich. Ausgenommen ist zur Zeit die Prüfung der Verfassungsmäßigkeit der Gesetze. Sie erfolgt nach den meisten Verfassungen der Länder der Westzonen durch besondere Verfassungsgerichtshöfe. In den Ländern der Ostzone geschieht sie durch die Parlamente selbst.

Die Nachprüfung der Zweckmäßigkeit der Verwaltungsmaßnahmen ist den Verwaltungsgerichten grundsätzlich entzogen. Von diesem Grundsatz ist jedoch eine bedeutsame Ausnahme insofern zu machen, als nicht richtig angewandtes Ermessen sich als Rechtsverletzung darstellt. Hierbei ist es gleichgültig, ob eine Ermessensüberschreitung oder ein Ermessensmißbrauch vorliegt.

In diesem Rahmen kann die Zuständigkeit der Verwaltungsgerichte in dreifacher Weise begründet werden: Entweder enthalten die Gesetze in einer Einzelaufzählung alle nachprüfbaren Tatbestände, oder das Gesetz enthält eine Generalklausel oder schließlich das Gesetz läßt ein Verwaltungsstreitverfahren auch bei der Verletzung nur objektiven Rechts zu. Die erste früher oft angewandte Möglichkeit findet sich gegenwärtig nirgends mehr. Üblich ist vielmehr die Generalklausel, wonach ganz allgemein Klage bei der Verletzung eines subjektiven Rechts erhoben werden kann. Ein subjektives Recht ist verletzt entweder durch die Vornahme eines Verwaltungsaktes oder durch die Unterlassung eines begehrten Verwaltungsaktes. Eine Unterlassung wiederum kann formeller Art sein, indem die Behörde überhaupt nicht tätig wird, obwohl sie nach Ansicht des subjektiv Berechtigten zu einer Äußerung verpflichtet wäre. Sie kann auch materieller Natur sein, indem die Behörde unter Angabe von Gründen eine materielle Entscheidung ablehnt (z. B. § 22 südd. VGG., § 22 brit. VO. Nr. 165).

Die Möglichkeit der Nachprüfung einer Verletzung objektiven Rechts ist nicht allgemein anerkannt. Sie gibt schon einer Person, die nicht in ihrem Recht, sondern nur in ihren Interessen verletzt wird, die Klagemöglichkeit (württemb.-bad. VGH. 23. 5. 1947 in: ArchöffR. 1948, S. 364).

Privatrechtliche Fragen können von den Verwaltungsgerichten nur als Vorfragen nachgeprüft werden, sofern sie für die Entscheidung der verwaltungsrechtlichen Hauptfrage von Belang sind.

4. Anfechtungssachen und Parteistreitigkeiten.

Bei Anfechtungssachen wendet sich die von einem Verwaltungsakt betroffene einzelne natürliche oder juristische Person gegen die hoheitlich verfügende Verwaltungsstelle. Die Anfechtungsklage steht ihr dann zu, wenn sie behaupten kann, daß sie durch eine Verwaltungsmaßnahme in einem ihr zustehenden Recht verletzt oder mit einer ihr nicht obliegenden Verbindlichkeit belastet worden sei. Wichtig ist, daß derartige Ansprüche auch vorhanden sind, wenn Nachteile wegen Unterlassung eines Verwaltungsaktes behauptet werden.

Parteistreitigkeiten sind Streitigkeiten des öffentlichen Rechts zwischen koordinierten Parteiträgern, so insbesondere zwischen Selbsverwaltungskörpern. Gleichgeordnet in einer Streitsache sind zwei Rechtsträger dann, wenn weder die Geltendmachung noch die Ablehnung des Anspruchs durch einen von ihnen eine verbindliche Entscheidung über den Anspruch enthält. Nicht gleichgeordnet sind vor allen Dingen Selbstverwaltungskörper und Staat. Die neue Regelung der Verwaltungsgerichtsbarkeit sieht vor, daß auch Streitigkeiten zwischen Selbstverwaltungskörpern und ihren Aufsichtsbehörden im Verwaltungsstreitverfahren zu regeln sind (Art. VII der brit. VO. Nr. 141). Ein wichtiger Fall der Parteistreitigkeit ist die Feststellungsklage (z. B. § 24 südd. VGG., § 52 brit. VO. Nr. 165).

5. Partei und Beteiligte.

Dem Unterschied von Anfechtung und Parteistreitigkeiten entspricht die verschiedene Bezeichnung der vor Gericht auftretenden Personen. Nur bei Parteistreitigkeiten gibt es Parteien, insbesondere außer dem Kläger auch einen echten Beklagten.

Im Anfechtungsverfahren gibt es nur Beteiligte, nämlich der Anfechtungskläger und der Anfechtungsgegner. Das letztere ist der Staat oder diejenige Körperschaft, der die verfügende Behörde angehört (z. B. südd. VGG.), oder die Behörde, die den angefochtenen Akt gesetzt hat (z. B. brit. VO. Nr. 165).

Manche Regelungen sehen einen Vertreter des öffentlichen Interesses vor, der zwar nicht Partei ist, aber doch eine parteiähnliche Rechtsstellung hat. Im Parteistreitverfahren kann, wenn ein ständiger Vertreter des öffentlichen Interesses bestellt ist, die Regierung bestimmen, ob und mit welchen Befugnissen er am Verfahren zu beteiligen ist. Am Ausgang des Rechtsstreits interessierte Dritte können beigeladen werden. Die Beigeladenen haben eine partei- oder beteiligtenähnliche Stellung, insbesondere hinsichtlich der der Entscheidung zukommenden Rechtskraft. Die Beiladung kann von Amts wegen oder auf Antrag erfolgen. Sie ersetzt i. a. die dem Verwaltungsstreitverfahren fremde Nebenintervention.

6. Verfahrensform.

Sie schließt sich weitgehend an die Formen des Zivilprozesses und Strafprozesses an. Sie zerfällt wie jene älteren Prozeßarten in das Erkenntnis- und das Vollstreckungsverfahren. Das letztere spielt sich im Wege des Verwaltungszwanges ab. Das Erkenntnisverfahren gliedert sich meist in das Verfahren erster und höherer Instanz.

Das Verfahren ist im allgemeinen wesentlich freier und formloser als das Zivilprozeßverfahren.

Die Frage, ob die Klage die Vollstreckung des ihr zugrunde liegenden Verwaltungsaktes aufschiebt, ist seit jeher nicht einheitlich beantwortet worden. Die meisten neueren Regelungen, so z. B. § 47 südd. VGG. oder § 51 brit. VO. Nr. 165, billigen ihr diese Wirkung zu, behalten der verfügenden Behörde oder dem Gericht jedoch vor, in geeigneten Fällen, insb. bei Vorliegen öffentlichen Interesses, die sofortige Vollziehung der Verwaltungsmaßnahme anzuraten. Nach älteren Regelungen entfiel bei Streitigkeiten über Abgaben und Kosten die aufschiebende Wirkung stets, es sei denn, daß, was auch hier möglich war, eine Verwaltungsbehörde oder das Gericht die Aussetzung der Vollziehung anordnete.

Nach dem Klagebegehren sind Leistungs-, Gestaltungs- und Feststellungsklagen zu unterscheiden. Bei Parteistreitigkeiten ist auch Widerklage möglich, falls rechtlicher Zusammenhang besteht.

Die Klage steht zwar im freien Belieben des Klägers. Nach ihrer Erhebung aber herrscht Amtsbetrieb mit Offizial- und Untersuchungsprinzip. Das Verwaltungsgericht erforscht unter Hinzuziehung der Beteiligten den Sachverhalt von Amtswegen. Es ist an das Vorbringen und die Beweisanträge der Beteiligten nicht gebunden.

Auch hinsichtlich der Form der Beweiserhebung herrscht größte Freiheit. Das Gericht braucht die Beweise nicht in der mündlichen Verhandlung zu erheben, sondern kann es auch außerhalb derselben tun. Die Beweismittel sind die gleichen wie im Zivilprozeß mit der Ausnahme, daß es keine eidliche Vernehmung der Parteien gibt. Dagegen können nach einigen Regelungen die Beteiligten zur Versicherung an Eidesstatt zugelassen werden.

Das Gericht entscheidet nach seiner freien, aus dem Inhalt der Verhandlung und dem Ergebnis der Beweisaufnahme geschöpften Überzeugung durch Urteil, sofern die Sache nicht schon durch Vorbescheid erledigt worden war.

Wo das Gesetz einen Vorbescheid kennt, wird er erlassen, wenn ein wesentliches Klageerfordernis fehlt und der Kläger den Mangel nicht beseitigt, wenn die Klagefrist versäumt ist oder schon die Einspruchs- oder Beschwerdefrist versäumt war, wenn das Gericht unzuständig ist. Gegen den Vorbescheid kann mündliche Verhandlung beantragt werden. Nach ungenutztem Ablauf der hierfür meist gesetzten Frist gilt er als rechtskräftiger Titel.

Rechtskräftige Urteile können nicht mehr mit Rechtsmitteln angegriffen werden. Sie binden die Beteiligten und ihre Rechtsnachfolger für den Streitgegenstand. Ihnen kommt also formelle und materielle Rechtskraft zu. Aber entsprechend dem Wesen der Verwaltung kann der gleiche Gegenstand in anderer Weise durch neue Verwaltungsmaßnahmen behandelt werden, wenn das der Behörde zur Durchführung einer ordnungsgemäßen Verwaltung erforderlich erscheint. Die Beteiligten haben hiergegen dann die gleichen Rechtsbehelfe wie gegen die zeitlich frühere Entscheidung. Insbesondere kann es über den gleichen Gegenstand nochmals zu einem neuen Verwaltungsstreitverfahren kommen. Eine res judicata liegt nur dann vor, wenn die Verwaltungsbehörde ihre neue Entscheidung nicht auf andere Gründe stützt wie die ältere.

7. Rechtsbehelfe.

Ordentliche Rechtsmittel gegen verwaltungsgerichtliche Urteile sind Berufung und Revision. Sie kommen nur dort zur Anwendung, wo es die entsprechenden Instanzen gibt. Wo nur zwei Instanzen vorhanden sind — wie gegenwärtig nach allen deutschen Regelungen —, ist gegen das Urteil der ersten Instanz meist nur Berufung an das oberste Landesverwaltungsgericht zulässig.

Hält das Berufungsgericht die Berufung für unzulässig wegen nicht eingehaltener Formvorschriften oder dergleichen, so ist meist die Zurückweisung der Berufung ohne mündliche Verhandlung vorgesehen. Im übrigen findet in der Berufungsverhandlung eine neue tatsächliche und rechtliche Prüfung des gesamten Sach- und Streitstandes statt, wobei auch neue Tatsachen und Beweismittel vorgebracht werden können und berücksichtigt werden müssen.

Die Revisionsinstanz entscheidet nur über Rechtsfragen. Die Zurückverweisung an eine frühere Instanz ist meist durch die Berufungs- und Revisionsinstanz möglich, wenn das höhere Gericht selbst nicht in der Sache entscheiden will. Die Möglichkeit einer Revision ist zur Zeit nicht vorgesehen.

Als außerordentliche Rechtsmittel kommt auch für das Verwaltungsstreitverfahren in gewissen Fällen die Wiederaufnahme eines durch rechtskräftiges Urteil abgeschlossenen Verfahrens in Betracht. Sie ist durch eine Nichtigkeits- oder Restitutionsklage geltend zu machen.

14. Kapitel

Rechtsschutz
(III. Beschlußverfahren)

1. Beschlußverfahren.

Dieses Verfahren wurde erstmalig durch die Bismarck-Gneistsche Verwaltungsreform in Preußen eingeführt und sodann von einigen anderen Ländern übernommen. Es kann als Mittelweg zwischen dem sehr formellen Verwaltungsgerichtsverfahren und dem gewöhnlichen Verwaltungsverfahren angesehen werden. Zulässig ist es niemals schlechthin, sondern nur für besonders im Gesetz zugelassene Fälle. Das Verfahren verschwand alsbald nach 1933 mit der Einschränkung der Verwaltungsgerichtsbarkeit, kommt aber nun wieder zur Anwendung (z. B. Art. VIII brit. VO. Nr. 141).

2. Beschlußbehörden.

Beschlußbehörden waren bis 1933 die als Verwaltungsgerichte tätigen Stellen mit Ausnahme der höchsten Landesverwaltungsgerichte. In Preußen war die oberste Instanz im Beschlußverfahren der Provinzialrat. Der Instanzenzug ging also vom Kreis- oder Stadtausschuß über den Bezirksausschuß zum Provinzialrat. Nach dem Anpassungsgesetz vom 15. 12. 1933 verschwand die kollegiale Beschlußbehörde mit alleiniger Ausnahme für die Fälle, in denen nach Reichsrecht eine solche entscheiden mußte (z. B. §§ 16 ff., 21 GewO.).

Nach brit. VO. Nr. 141, die insoweit gemäß VO. Nr. 165 in Kraft geblieben ist, werden nun die Vertretungen der Selbstverwaltungen als Beschlußbehörden tätig (z. B. Nordrhein-Westfalen VO. über die Zuständigkeit in Beschlußsachen vom 23. 6. 1948 — GuVoBl. S. 197).

3. Verfahrensgrundsätze.

Die Beschlüsse dieses Verfahrens sind der Rechtskraft nicht fähig. Ein Anspruch der Parteien auf rechtliches Gehör in mündlicher Verhandlung ist nicht gegeben, sofern das Gesetz das nicht ausdrücklich bestimmt (z. B. § 119 pr.LVG., § 6 VO. Nordrh.-Westf. v. 23. 6. 1948). Das Beschlußverfahren hat man nicht ohne Grund in seinem Verhältnis zum Verwaltungsstreitverfahren in gleiche Linie gestellt mit dem Verfahren der freiwilligen Gerichtsbarkeit im Verhältnis zum Zivilprozeß. Wie jenes hat es weniger den Schutz bestehender Rechte als die Fürsorge für bestimmte Personengruppen zum Gegenstand.

Es gilt die Untersuchungsmaxime und nach Einleitung des Verfahrens der Amtsbetrieb.

Wie beim Verwaltungsstreitverfahren ist meist die Erteilung

eines Vorbescheides möglich. Überhaupt werden weitgehend die Grundsätze dieses Verfahrens herangezogen.

4. Sachliche Zuständigkeit.

Für das Beschlußverfahren galt bisher stets und gilt auch heute wieder das Enumerationsprinzip. Es fand statt in Wohlfahrtsfürsorgesachen über die Unterstützung eines Hilfsbedürftigen (§ 207 AVO. vom 30. 5. 1932 zur Fürsorgepflichtverordnung), bei Verfahren zur Unterbringung in einer Arbeitsanstalt (§ 21 l.c.) und über die Unterhaltspflicht Dritter (sog. resolutorische Verpflichtung, § 30 l.c.),
ferner über Einwendungen gegen die Feststellung der Enteignung und der Entschädigung (§§ 21, 29 pr. Enteignungsgesetz von 1874), über Einwendungen gegen die Festsetzung eines Fluchtlinieplanes (§ 8 Fluchtliniengesetz von 1875).

Zur Rechtsgestaltung fand ein Beschlußverfahren statt namentlich bei Erteilung von gewerbepolizeilichen Genehmigungen (Realkonzessionen) und von Wandergewerbescheinen (§§ 16ff., 61 GewO., § 117 ZG.),
in Wasser- und Fischereisachen, z. B. bei Erteilung eines Staurechts (§ 64 pr. Wassergesetz von 1913), bei Eintragungen ins Wasserbuch und deren Berichtigung (§§ 182 ff. l.c.) und bei der Bildung von Zwangsfischerei- und Wassergenossenschaften (§ 270 l.c., § 80 pr. Fischereigesetz).

Wo es heute gilt, sind ähnliche Gesichtspunkte maßgeblich. So werden z. B. nach Art. VIII brit.VO. Nr. 141 in dieser Form erledigt die Angelegenheiten des Gaststättengesetzes vom 28. 4. 1930, des Milchgesetzes vom 31. 7. 1930, der Verordnung über Speiseeiswirtschaften vom 16. 7. 1934, des Gesetzes über das Versteigerungsgewerbe vom 12. 2. 1938, sowie die Angelegenheiten, die nach der zur Zeit geltenden Vorschriften von den Verwaltungsgerichten im Beschlußverfahren zu erledigen sind.

15. Kapitel

Rechtsschutz

(IV. Verwaltungszwang)

1. Arten.

Viele Verwaltungsakte tragen die Erfüllung des staatlichen Willens in sich und bedürfen deshalb keiner besonderen Zwangsvollstreckung.

Es gibt weiterhin Fälle, bei denen eine Zwangsvollstreckung nötig ist, ohne daß Zeit gewesen wäre, einen davon getrennten Verwaltungsakt zu erlassen. Man spricht hierbei von unmittelbarer Ausführung (z. B. Anhalten eines ohne Beleuchtung fahrenden PKW. durch einen Polizeibeamten). Als Notwehr oder Notstand des Staates sind derartige Maßnahmen nicht aufzufassen (RGZ. 117,138). Außer bei diesen plötzlich eintretenden Umständen wird Verwaltungszwang ohne vorhergehenden Verwaltungsakt auch durch manche Gesetze zugelassen, wenn seine Anwendung zweckdienlich ist (z. B. § 186 thür.LVO.). Sodann ist die Verhängung von Ungebührstrafen, wo sie möglich ist, unmittelbarer Zwang. Auch die Schutzhaft kann, wenn keine Zeit zu verlieren ist, ohne vorherige Anordnung in einem Verwaltungsakt gleichzeitig angeordnet und vollzogen werden. In all diesen Fällen fallen Verwaltungsakt und Vollstreckung zusammen.

Die dritte Möglichkeit ist die, daß zunächst der Verwaltungsakt erlassen wird und dann in einem zeitlich und sachlich getrennten Verfahren seine zwangsweise Vollstreckung erfolgt. Das ist der häufigste Vorgang.

2. Zwangsvollstreckung (Zwangsvollzug).

Es ist zu unterscheiden die Zwangsvollstreckung wegen einer öffentlich-rechtlichen Geldforderung oder der Herausgabe von beweglichen im Gewahrsam des Verpflichteten befindlichen Sachen, wegen der Erwirkung vertretbarer Handlungen, sowie zur Erwirkung unvertretbarer Handlungen, wozu insbesondere die Unterlassungen und Duldungen gehören.

a) Zwangsvollstreckung wegen öffentlich-rechtlicher Geldforderungen.

Hier handelt es sich meist um die Beitreibung von Geld, Ordnungsstrafen oder Gebühren und um die Vollstreckung auf dem weiten Gebiet der Steuern und ihnen gleichstehender Leistungen.

Die Zwangsvollstreckung in bewegliche körperliche Sachen wird im allgemeinen durch besondere Vollstreckungsbeamte oder Vollzugsbeamte durchgeführt, deren Stellung derjenigen der Gerichtsvollzieher auch hinsichtlich ihrer Befugnisse ähnelt.

Auch die Zwangsvollstreckung in Forderungen und andere zum beweglichen Vermögen gehörende Rechte führt die Vollstreckungsbehörde weitgehend selbst durch (z. B. § 334 RAO.).

Für die Zwangsvollstreckung in das unbewegliche Vermögen gibt es keine besonderen verwaltungsrechtlichen Bestimmungen. Vielmehr benutzt die Verwaltung hierzu die Amtsgerichte. Zu beachten sind die im ZVG. und anderen Vollstreckungsbestimmungen enthaltenen Sonderregelungen für öffentlich-rechtliche Forderungen.

b) Zwangsvollstreckung wegen der Herausgabe beweglicher Sachen.

Sie wird vorgenommen durch die besonderen Vollstreckungsbeamten der Verwaltungsbehörden. Jedoch kann gerade für diese Maßnahmen jeder Beamte besonders beauftragt werden.

c) Zwangsvollstreckung wegen vertretbarer Handlungen.

Sie erfolgt durch Ersatzvornahme, wobei die in Betracht kommenden Bestimmungen der Regelung durch § 887 ZPO. weitgehend ähneln (z. B. § 132 pr.LVG., § 347 ff. RAO.).

d) Zwangsvollstreckung wegen nicht vertretbarer Handlungen.

Sie erfolgt durch Zwangsstrafen (Exekutiv-, Ungehorsams-, Beugestrafen). Der Festsetzung einer Strafe muß nach den meisten Regelungen eine schriftliche Androhung vorausgehen. Androhung und Festsetzung können so oft wiederholt werden, bis die verlangte Verpflichtung erfüllt ist (z. B. § 132 pr.LVG., § 202 RAO.).

Der hauptsächlichste Unterschied zwischen der Zwangsstrafe und der Strafe des Strafrechts besteht darin, daß diese durch einen Rechtssatz angedroht wird, die Zwangsstrafe durch einen Verwaltungsakt. Für die kriminelle Strafe gilt das Legalitätsprinzip, d. h. sie muß zwangsläufig beim Vorliegen einer strafbaren Handlung oder Unterlassung verhängt werden. Für die Zwangsstrafe dagegen gilt das Opportunitätsprinzip, wonach die Behörde von der Festsetzung der Strafe absehen kann, wenn sie diese nicht für unbedingt erforderlich hält. Die Zwangsstrafe dient einer zukünftigen Regelung. Jeder Gedanke einer Spezialprävention oder gar Vergeltung liegt ihr fern.

Lange strittig war die Frage, ob kriminelle Strafen und Zwangstrafen nebeneinander wegen der gleichen Handlung verhängt werden können. Sie wird jetzt meist bejaht.

Das Zwangsgeld, das wegen Nichtbefolgung von Verordnungen, insb. von Polizeiverordnungen, nach einigen Reichsgesetzen und preußischen und sächsischen Landesgesetzen festgesetzt werden kann, stellt eine Zwangsstrafe und keine Kriminalstrafe dar (pr. OVG. 90, 275, z. B. § 18 DGO., § 142 Reichsumlegungsordnung vom 16. 6. 1937).

Dieses seit langem, insbesondere lange vor 1933 vorhandene System der Zwangsstrafen ist seit 1945 durch einige Maßnahmen der Militärregierung abgeändert worden. In der britischen und amerikanischen Zone gibt es keine polizeilichen Strafverfügungen mehr [1]). An ihre Stelle treten kriminelle durch die Gerichte zu verhängende Strafen. Es ist eine Frage der Organisation, ob es gelingt, die mit eigenen Aufgaben ohnehin überbürdeten Gerichte in den Stand zu setzen, die notwendigen Maßnahmen so rechtzeitig zu ergreifen, wie das im Interesse einer ordentlich funktionierenden Verwaltung wünschenswert ist. Für die ehemals preußischen Gebiete in der britischen Zone tritt eine weitere Schwierigkeit hinzu. Hier wurde die Verwaltungspolizei von der allgemeinen Polizeiverwaltung getrennt und den Gemeinden übertragen [1]). Trotz anfänglicher Bedenken hat sich nun der Standpunkt durchgesetzt, daß nach der Unanwendbarkeit des § 55 PVG. wieder § 132 pr.LVG. gilt. Hierdurch werden die Kommunalverwaltungen in den Stand gesetzt, die Zwangsvollstreckung auch wegen unvertretbarer Handlungen durchzuführen. Schließlich ergeben sich Schwierigkeiten daraus, daß die amerikanische Militärregierung teilweise die Erhebung von Zwangsgeldern nach § 33 pr.PVG. verbietet (vgl. Schreiben des Direktors der amerikanischen Militärregierung an den hessischen Innenminister vom 17. 12. 1947 [2])).

3. Unmittelbarer Zwang.

Nach den meisten Landesregelungen darf unmittelbarer Zwang angewandt werden, wenn „die Anordnung ohne einen

[1]) Vgl. unter Kapitel 16.
[2]) Mitgeteilt in Selbstverwaltung 1947, S. 102.

solchen unausführbar ist" (z. B. § 132 pr.LVG., § 202 RAO.). Eine derartige Maßnahme ist der zivilen Zwangsvollstreckung unbekannt und nur dem Verwaltungsrecht eigen. Der Zwang kann sich richten gegen Sachen, gegen die Unverletzlichkeit der Wohnung und als die schärfste Form gegen die Freiheit der Person. Diese Freiheit, auch heute noch gewährleistet gemäß Art. 114 Abs. 1 WRV., kann beschränkt werden durch gesundheitsfürsorgerische oder soziale Verwaltungsmaßnahmen, wie Zwangsimpfung, Zwangsentlausung, Zwangsheilung, fürsorgerechtlichen Arbeitszwang. Das am tiefsten in die Freiheit der Person eingreifende Mittel ist die Schutzhaft. Sie dient der Verhinderung drohender Gesetz- oder Ordnungswidrigkeiten, hat also mit der vorläufigen Festnahme nach § 127 StPO. nichts zu tun. Art. 114 WRV. läßt sie zu, sofern als Grundlage ein Gesetz vorhanden ist. Solche Gesetze sind zunächst einige Sonderbestimmungen, meist sanitären Inhalts (z. B. Geschlechtskrankheitengesetz, Verordnung zur Verhütung von Seuchen vom 20. 11. 1918 — RGBl. S. 1317 —). Im übrigen ermächtigen einzelne Landesgesetze die Polizei, Personen in polizeiliche Verwahrung zu nehmen, wenn der eigene Schutz dieser Personen oder die Aufrechterhaltung der öffentlichen Sittlichkeit, Sicherheit und Ruhe diese Maßregel dringend erfordern. Die polizeilich in Verwahrung genommenen Personen müssen jedoch spätestens im Laufe des folgenden Tages in Freiheit gesetzt oder es muß in dieser Zeit das Erforderliche veranlaßt werden, um sie der zuständigen Behörde zu überweisen (z. B. pr. Gesetz zum Schutz der persönlichen Freiheit vom 12. 2. 1850 in Verbindung mit § 14 pr.PVG.).

4. Waffengebrauch.

Die schärfste Form des gewaltsamen Vorgehens, der Waffengebrauch, ist ausschließlich der Polizei vorbehalten. Zur Zeit bestehen hierüber eingehende Bestimmungen der Militärregierung.

5. Verwaltungsstrafrecht.

Verwaltungsstrafen im Gegensatz zu administrativen Zwangsmitteln können nur in einigen Sonderzweigen der Verwaltung auf Grund übersichtlicher, bis ins einzelne gehender gesetzlicher Bestimmungen verhängt werden.

Von Wichtigkeit sind auch gegenwärtig noch die Strafbefugnisse wirtschaftlicher Verwaltungsstellen nach der Preisstrafrechtsverordnung i. d. F. vom 26. 10. 1944 — RGBl. I S. 264 — und der Verbrauchsregelungsstrafverordnung vom 26. 11. 1941 — RGBl. 1941 S. 734 und 1942 I S. 138 —; das Abgabenstrafrecht der Steuer- und Zollbehörden nach §§ 420 ff RAbgO. und das Strafrecht von Post- und Verkehrsbehörden. Polizeistrafrecht gemäß §§ 413 ff StPO ist in der amerikanischen und britischen Zone abgeschafft. Das gleiche gilt für das Devisenstrafrecht.

Dienststrafen sind Disziplinarmaßnahmen und keine Strafen.

ZWEITER TEIL
EINZELNE SACHGEBIETE

16. Kapitel
Polizei

1. Begriff.

Polizei ist eine soziale Gesellschaftsfunktion. Sie bildet sich notwendigerweise in jedem Gemeinwesen. Wenn der Staat nicht dafür sorgt, daß einerseits das Leben innerhalb des Gemeinwesens störungsfrei verläuft und andrerseits Störungen von außen vermieden werden, so erledigen diese Aufgaben sonstige Kräfte der Gemeinschaft (z. B. Camorra in Süditalien um die Jahrhundertwende).

Das Wort Polizei kommt von Politik. Ursprünglich bedeutet Politik Staatsverfassung, bei Aristoteles bereits gute Staatsverfassung. Diese Verbindung mit dem Ordnungsbegriff wird seither beibehalten. La police im Frankreich des 14. Jahrhunderts charakterisiert den guten und geordneten Zustand eines Staatswesens. Die erste Reichspolizeiordnung von 1530 gebraucht das Wort „Polizey" in dem gleichen Sinn. Die zunächst vom Reich übernommenen Aufgaben gingen bald auf die Landesherren über. In ihren Händen wurde die Polizeigewalt ein wichtiges Mittel zur Stärkung ihrer Macht gegen das Reich, gegen die Kirche und gegen die Stände im eigenen Territorium.

Im absoluten Staat behaupteten die Landesherren, verpflichtet zu sein, für die irdische Glückseligkeit ihrer Untertanen zu sorgen. Dies sollte durch polizeiliche Mittel erreicht werden. Unter den Begriff der Polizei fiel so die gesamte innere Verwaltung. Der absolute Staat wurde zum vollendeten Polizeistaat, wie ihn das 18. Jahrhundert kennt. Ausgenommen von der Polizeiverwaltung waren lediglich die auswärtige Politik, das Kriegswesen und das Finanz-(Kameral-)wesen. Nach einiger Zeit begann sich auch die Justiz als besondere Funktion des Staatsregiments herauszulösen. Die Vermutung der Zuständigkeit sprach jedoch noch lange für die

Polizei. Nur das, was nach vorhandenen geschriebenen Sätzen entschieden werden konnte, unterfiel der Zuständigkeit der Gerichte und war „Justizsache". Demgegenüber waren „Polizeisachen" alle staatlichen Angelegenheiten, die nach freiem Ermessen besorgt wurden, also praktisch die gesamte Verwaltungstätigkeit mit den erwähnten Ausnahmen.

Die erste Bresche in die alles beherrschende Polizeimacht schlug der deutsche Jurist Johann Stephan Pütter in seinem 1770 erschienenen Werk Institutiones juris germanici. Er trennte die Wohlfahrtspflege von der Polizei und bezeichnete Polizei als den „Teil der höchsten Gewalt, durch den die Sorge um die Abwehr solcher künftiger Übel ausgesprochen wird, die im Staatsinneren für die Allgemeinheit zu befürchten sind".

Diese Begriffsbestimmung ist von überragender Bedeutung geworden zunächst durch ihre Berücksichtigung im preußischen Allgemeinen Landrecht von 1794, dann aber auch wegen ihrer teils durch besondere Bestimmungen, teils durch Gewohnheitsrecht erfolgten Übernahme in die übrigen deutschen Länder. Der berühmte § 10, II, 17 pr.ALR. lautet: „Die nötigen Anstalten zur Erhaltung der öffentlichen Ruhe, Sicherheit und Ordnung und zur Abwendung der dem Publiko oder einzelnen Mitgliedern desselben bevorstehenden Gefahren zu treffen, ist das Amt der Polizei".

Dabei ist es im wesentlichen geblieben. Auch neuere Polizeigesetze, z. B. § 32 thür.LVO. oder § 14 pr.PVG. vom 1. 6. 1931, der den bis dahin in Preußen geltenden § 10, II, 17 ablöste oder § 1 Hamburger Gesetze vom 7. 11. 1947 haben daran nichts geändert.

Man wird daher Polizei zu bezeichnen haben als die Staatstätigkeit zur Abwehr von Störungen der öffentlichen Ordnung im Staatsinneren.

2. Unterschied von anderen Staatsaufgaben.

Nach ihrer Trennung von der Wohlfahrtspflege hat die Polizei mit wohlfahrtspflegerischen Aufgaben nichts mehr zu tun. (Pr.OVG. 9, 353 Kreuzbergfall!; ferner 39, 278; 44, 388.)

Auch zur Durchführung von Aufgaben der Finanzgewalt ist die Polizei nicht zuständig. (z. B. pr.OVG. 54, 262).

Das gleiche gilt für die Durchführung militärischer Aufgaben.

Die Polizei hat mit der Durchsetzung individueller Ansprüche nichts zu tun, sofern der einzelne nicht als Glied des Publikums auftritt. Hierfür sind die zivilrechtlichen Vollstrekkungsorgane da.

3. Allgemeine Voraussetzungen polizeilicher Tätigkeit.

Die Tätigkeit muß sich im Rahmen der Gesetze bewegen. Eine außerhalb der Gesetzgebung oder der Kontrolle des Gesetzgebers stehende politische Polizei ist mit dem Wesen eines Rechtsstaates nicht vereinbar.

Innerhalb des gesetzlichen Rahmens hat die Polizei nach pflichtgemäßem Ermessen zu verfahren. Das bedeutet im einzelnen: Jede polizeiliche Anordnung muß in der geeigneten und für die Betroffenen verständlichen Form ergehen. Inhaltlich darf sie weder einer gesetzlichen Bestimmung noch einer Anordnung einer vorgesetzten Dienststelle widersprechen. Die Polizei darf keine Machtüberschreitungen vornehmen, d. h. sie darf nur die dem zu regelnden Sachverhalt entsprechenden Mittel anwenden; sie darf sie nur selbst und nicht zu spät oder zu früh anwenden. (z. B. pr.OVG. 77, 460. Gute Zusammenstellung in: Preußisches Verwaltungsblatt 1925, S. 490).

Sie darf sich nur an die Person wenden, die an dem zu behandelnden Tatbestand beteiligt ist, den sog. Polizeipflichtigen. Polizeipflichtig ist insbesondere der „Störer". Ausnahmsweise entsteht Polizeipflichtigkeit für jedermann bei polizeilichen Notständen, selbst dann also, wenn der Pflichtige an der Verursachung einer Gefahr oder Störung nicht beteiligt war.

Es muß eine Gefahr vorliegen. Dabei handelt es sich i. a. um einen Schwebezustand, während dessen Dauer der Eintritt eines Schadens objektiv denkbar ist, weil alle oder doch die wesentlichen Voraussetzungen hierfür gegeben sind. Ein unmittelbares Bevorstehen des Schadens ist nicht erforderlich. Nicht ausreichend dagegen ist die bloße Annahme einer künftigen Gefährdung oder eine bloße Belästigung. Gefährdet sein können Leben, Gesundheit von Menschen, aber auch Sachen (pr.OVG. 44, 448).

Die Gefahr muß bevorstehend sein. Das ist sie nur, wenn für den Eintritt des Schadens nicht bloß eine unbestimmte Möglichkeit, sondern eine gewisse hinreichende Wahrscheinlichkeit vorliegt.

Es muß ein öffentliches Interesse vorhanden sein. Gefahr muß entweder dem Publikum drohen oder einzelnen Mitgliedern des Publikums. Unter Publikum versteht man eine Personenmehrheit von unbestimmter Begrenzung nach Zahl und Individualität. Das Individuum ohne diesen sozialen Zusammenhang genießt den Gefahrenschutz nicht.

Die Polizei muß tätig werden zur Erhaltung der öffentlichen Ruhe, Sicherheit und Ordnung. Ruhe ist hierbei ein der öffentlichen Ordnung und Sicherheit entsprechendes Verhalten. Sicherheit bedeutet ungefähr das Nichtbestehen einer wirklichen Gefahr. Ordnung ist der Niederschlag der sozialen Anschauung der jeweils im Staat zusammengefaßten Gesellschaft. Diese Ordnung ist nicht gleichzusetzen mit der im Staat geltenden Rechtsordnung. Denn einerseits hat die Polizei mehr zu tun, als für die Aufrechterhaltung der Rechtsordnung zu sorgen, da sich ihre Tätigkeit als soziale Funktion auf das gesamte Leben der Gesellschaft erstreckt, während andrerseits die Rechtsordnung auch polizeifremde Gebiete behandelt.

4. Die Arten der Polizei.

a) Vorbeugende Polizei und Polizei der Strafrechtspflege.

Die vorbeugende Polizei soll Störungen der Öffentlichkeit verhindern, während die Polizei der Strafrechtspflege den für die Störung Verantwortlichen zur Rechenschaft ziehen soll (Kriminalpolizei). Organisation und personelle Besetzung dieser beiden Arten ist meist verschieden.

b) Sicherheits- und Verwaltungspolizei.

Unter Sicherheitspolizei im weitesten Sinn versteht man Polizei im Gegensatz zu Wohlfahrtspflege. Die meisten Regelungen bezeichnen als Sicherheitspolizei im engeren Sinn die Polizei, deren Aufgabe der vorbeugende Schutz der Rechtsordnung ist.

Alle polizeiliche Tätigkeit, die weder Sicherheits- noch Kriminalpolizei ist, ist Verwaltungspolizei. Die Grenzen sind flüssig. In der Vergangenheit war das ohne große Bedeutung, weil Sicherheits- und Verwaltungspolizei von derselben Behörde ausgeübt wurde. Durch Anweisungen der Militärregierung in der britischen Zone ist jedoch eine Trennung herbeigeführt, so daß hier nunmehr für jeden Einzelfall genau die Zugehörigkeit zu der einen oder anderen Art festgestellt werden muß.

c) Ortspolizei und Landespolizei.

Ortspolizei ist polizeiliche Maßnahme oder Organisation für einen einzelnen Ort, Landespolizei diejenige für ein ganzes Land. In den letzten Jahrzehnten verlagerte sich das Schwergewicht polizeilicher Tätigkeit auf die Landespolizei.

d) Gemeindepolizei und Staatspolizei.

Träger der Gemeindepolizei ist die Gemeinde oder ein sonstiger Kommunalverband. Träger der Staatspolizei ist der Staat. Der Unterschied fällt weitgehend mit dem Unterschiede zwischen Orts- und Landespolizei zusammen. Jedoch liegt nicht überall da, wo ein Gemeindebeamter polizeiliche Funktionen ausübt, auch Gemeindepolizei vor. Der einigen deutschen Ländern bekannte Bürgermeister als Ortspolizeibehörde beispielsweise versieht staatliche Aufgaben.

5. Äußerungen der Polizei.

Die nichthoheitliche Tätigkeit regelt sich in der gleichen Weise wie diejenige der übrigen Verwaltung. Besondere Formen und Regelungen bestehen nur für die hoheitliche Tätigkeit. Hier ist zu unterscheiden Polizeibefehl, Polizeierlaubnis und Polizeizwang.

a) Polizeibefehl.

Er regelt entweder einen abstrakten, bloß gedachten Tatbestand in genereller Weise und richtet sich an eine unbegrenzte Anzahl von Individuen. Dann liegt eine Polizeiverordnung vor.

Oder er regelt ein bestimmtes reales Vorkommnis. Ist er generell, d. h. richtet er sich an eine unbegrenzte Anzahl von Personen, dann handelt es sich um eine Allgemeinverfügung. Ist er individuell, d. h. richtet er sich an eine bestimmte Einzelperson, dann handelt es sich um eine Polizeiverfügung. Die Einteilung der Verfügungen in mehrere Arten wird in Süddeutschland nicht vorgenommen, so daß man dort nur von Polizeiverfügungen schlechthin spricht, die sich, was ja nicht zu vermeiden ist, manchmal auch an mehrere Personen richten müssen.

Wo Polizeiverordnungen zulässig sind, bestehen eingehende gesetzliche Regeln über Inhalt und Form (z. B. §§ 24 ff. pr.PVG.).

In der amerikanischen und der britischen Zone gibt es keine durch spezielle Polizeibehörden erlassene Polizeiverordnungen mehr, nachdem sie im Laufe des Jahres 1946 durch verschiedene Anordnungen der Militärregierung und Landesgesetze untersagt wurden. Die in früherer Zeit erlassenen Polizeiverordnungen bleiben im Rahmen der für die Geltung der in der Zeit vor Mai 1945 erlassenen Bestimmungen bestehen. Angelegenheiten, die früher durch Polizeiverordnungen zu regeln waren, werden nunmehr in Maßnahmen der kommunalen Selbstverwaltungskörper behandelt.

Mit Form und Inhalt der Polizeiverfügung beschäftigen sich entsprechend ihrer Wichtigkeit zahlreiche Gesetze (z. B. §§ 40 ff pr. PVG). Sie ist die am häufigsten in Erscheinung tretende polizeiliche Äußerung, durch die vom Staatsbürger ein Tun oder Unterlassen verlangt wird. Eine Beschränkung dieser Tätigkeit ist der Polizei seit der Besetzung nicht auferlegt. Das gilt sowohl für Allgemeinverfügungen, wo sie üblich sind, als auch für Einzelverfügungen.

b) Polizeierlaubnis.

Voraussetzung für eine Polizeierlaubnis ist ein gesetzliches Verbot zur Vornahme bestimmter Handlungen und fernerhin die ebenfalls gesetzlich geschaffene Möglichkeit für die Polizei, eine Ausnahme von dem grundsätzlichen Verbot in Einzelfällen zu machen. Die Polizei macht von der ihr zustehenden Befugnis Gebrauch durch die Erteilung einer Polizeierlaubnis, in manchen Gesetzen auch Konzession genannt. Eine Polizeierlaubnis verschafft dem Begünstigten nicht stets die gleiche Rechtsstellung. Am schlechtesten steht er dann, wenn das Gesetz die Erteilung der Erlaubnis in das alleinige Ermessen der Polizei legt, die allerdings auch dann nicht nach Willkür vorgehen darf, sondern nur gemäß berechtigten Beweggründen. Am stärksten ist die Stellung des Berechtigten dann, wenn das Gesetz ihm ein subjektiv-öffentliches Recht auf Erteilung der Konzession gewährt (z. B. § 57b GewO.). Darf eine solche Erlaubnis nur aus Gründen des öffentlichen Wohls und nur gegen Entschädigung wieder entzogen werden, so wird sie Verleihung genannt (z. B. §§ 16 ff, 51 GewO.).

Voraussetzung für die Erteilung der Erlaubnis ist zweierlei, nämlich ein gesetzliches Verbot zur Vornahme bestimmter Handlungen oder zur Errichtung bestimmter Einrichtungen, sodann aber auch die gesetzlich der Polizei gegebene Möglichkeit, im Einzelfall von diesem grundsätzlichen Verbot abzusehen.

Der Form nach ist die Polizeierlaubnis eine Polizeiverfügung, die jedoch kein Gebot oder Verbot, sondern die Erteilung oder Versagung einer Erlaubnis zum Inhalt hat.

Inhaltlich ist die Polizei an die einmal durch die Erteilung der Erlaubnis gefällte Entscheidung gebunden wie an jeden Verwaltungsakt. Sie darf sie nur unter den allgemeinen im Gesetz vorgesehenen Umständen aufheben, so insb. bei veränderten äußeren Umständen.

c) Strafverfügung.

Sie gibt der Polizei die Möglichkeit, ohne Inanspruchnahme der ordentlichen Strafgerichte Strafen wegen begangenen Unrechts zu verhängen.

Die positiv rechtliche Grenze zwischen der Zuständigkeit der Polizei und den ordentlichen Gerichten bietet § 13 GVG. Hiernach steht es den Ländern nicht frei, echte Strafsachen den ordentlichen Gerichten völlig zu entziehen. Auch die in § 13 GVG den Ländern gegebene Vollmacht, in Strafsachen Zuständigkeiten der Verwaltungsbehörden oder Verwaltungsgerichte zu begründen, beschränkt die Strafprozeßordnung wieder. In diesen Grenzen haben sich die landesrechtlichen Regelungen seit jeher gehalten. Danach konnten die Polizeibehörden wegen der in ihrem Bezirk begangenen unter ihren Zuständigkeitsbereich fallenden Übertretungen im technischen Sinne des Strafgesezbuches Strafen durch polizeiliche Strafverfügungen festsetzen. Eine etwa zu verhängende Haftstrafe durfte die Dauer von 14 Tagen nicht überschreiten (z. B. §§ 59 ., pr.PVG; bayer. Polizeistrafverfügungsgesetz vom 4. Mai 1939 — GVBl. S. 169).

Auf Veranlassung der Militärregierung ist den Polizeibehörden in der britischen und amerikanischen Zone die Befugnis zum Erlaß von polizeilichen Strafverfügungen entzogen worden. Sämtliche Übertretungen, die in Reichs- und Landesgesetzen, Polizeiverordnungen und örtlichen Polizeivorschriften mit Strafe bedroht sind, werden nunmehr von den Gerichten abgeurteilt. Die Polizei hat lediglich die Befugnis, Strafanträge zu stellen, wie jeder andere Staatsbürger auch. (Für die britische Zone: Verordnungen der Oberlandesgerichtspräsidenten vom 1. September 1946 — z. B. Justizblatt des Oberlandesgerichts Hamm 1946 S. 115 —; Nordwürtt.-bad. Gesetz vom 20. November 1945 — RegBl. 1946 S. 1; bayer. Gesetz vom 28. 1. 1946 — GVBl. 1946 S. 88; hess. Gesetz vom 20. 12. 1945 — GuVBl. 1946 S. 25.)

d) Polizeizwang.

Der Polizei stehen als Mindestmaß diejenigen Zwangsmittel zur Verfügung, die auch von anderen Verwaltungsbehörden benutzt werden können. Darüber hinaus sind eine Reihe von landesrechtlichen weiteren Bestimmungen vorhanden.

Unter Beachtung dieser beiden Quellen sind die Polizeibehörden im allgemeinen — unbeschadet der strafgerichtlichen Verfolgung strafbarer Handlungen — befugt, die Befolgung eines polizeilichen Verwaltungsaktes, wenn er unanfechtbar geworden oder vorläufig vollstreckbar ist, durch Ausführung der zu erzwingenden Handlung auf Kosten des Pflichtigen, durch Festsetzung von Zwangsgeldern oder ähnlichen nicht kriminellen Geldstrafen in gesetzlich festgesetzter Höhe oder durch unmittelbaren Zwang durchzusetzen. Fast in allen deutschen Ländern, so z. B. in Preußen durch § 55 PVG, waren sämtliche polizeilichen Zwangsmittel in den Polizeigesetzen vollständig und übersichtlich aufgezählt. Sie waren meist an die Stelle älterer in den Landesverwaltungsgesetzen enthaltenen Bestimmungen über den Verwaltungszwang im allgemeinen getreten. Wo nun, wie z. B. in der britischen Zone, die Zuständigkeit der Polizei beschränkt ist, ist jeweils zu prüfen, ob diese älteren Bestimmungen wieder aufleben. Hinzutreten durch die verschiedenen Zonenmilitärregierungen erlassenen Anordnungen zu einzelnen Zwangsmitteln. So hat die amerikanische Militärregierung zeitweilig Bedenken gegen die Auferlegung von Zwangsgeldern geäußert. In den Ländern der russischen Zone ist polizeiliche Vorbeugehaft bis zu einem halben Jahr zulässig. (Z. B. thür. Gesetz vom 8. November 1945 — GS. S. 60 — und Rechtsvo. vom 17. November 1945 — GS. S. 49, wonach gegen Geschlechtskranke, die sich den auf Grund des Geschlechtskrankheitengesetzes getroffenen Maßnahmen der Gesundheitsbehörde entziehen oder gegen gewerbs- oder gewohnheitsmäßig Unzucht treibende Frauen polizeiliche Vorbeugehaft bis zu einem halben Jahr angeordnet werden kann.)

Die schärfste Form des polizeilichen Zwanges ist die Anwendung von Waffengewalt. Gesetzliche Grundlage ist nach 1945 die Kontrollratsdirektive Nr. 15. Danach trägt die Polizei Waffen, um sie in die Lage zu versetzen, sich an der Aufrechterhaltung von Recht und Ordnung tatkräftig beteiligen zu können. Die Waffenart ist genau vorgeschrieben. Nur die Gendarmerie oder die an ihre Stelle tretenden Polizeikräfte, also die auf dem flachen Land diensttuende Polizei, und die Grenzpolizei ist mit

Karabinern ausgestattet. Im übrigen sind nur Pistolen, Revolver und Knüttel erlaubt. Die Militärregierung behält sich weitgehend die Kontrolle des Waffengebrauchs vor.

6. Ausübung der Polizeigewalt in Deutschland.

a) Die norddeutsch-preußische Lösung.

Sie monopolisiert die Ausübung der Polizeimacht im Staat. überträgt sie aber weitgehend nicht-staatlichen Stellen. Gegen diese herrschende Richtung machten sich seit der Mitte des 19. Jahrhunderts Bestrebungen geltend, die eine Dezentralisierung der polizeilichen Befugnisse wünschen. Sie erzielten Erfolge für die Verwaltungspolizei, die weitgehend auf kommunale Stellen übertragen und dadurch dem unmittelbaren staatlichen Einfluß entzogen wurde.

Die erste größere Kodifikation war das preußische Polizeigesetz vom 11. 3. 1850. Danach steht an der Spitze der allgemeinen Polizeiverwaltung der Minister des Inneren. Die Landespolizei konzentriert sich im Regierungspräsidenten. Das Gesetz bringt außerdem die polizeilichen Befugnisse des Landrats stärker zum Ausdruck, als das bis dahin der Fall war. Die Ortspolizei untersteht dem Bürgermeister oder, wo Magistratsverfassung herrscht, manchmal einem anderen Magistratsmitglied. Aber auch dort, wo Organe der Selbstverwaltung polizeiliche Befugnisse ausüben, tun sie das nicht in Erledigung übertragener Selbstverwaltungsangelegenheiten sondern als direkte Staatsbehörde. Sie erhalten Befehle von ihren staatlichen Vorgesetzten und sind insoweit dem Gemeinderat nicht verantwortlich. Gegen Ende des 19. Jahrhunderts ging man dazu über, für größere Städte selbständige staatliche Polizeibehörden zu schaffen und diese Befugnisse so dem Selbstverwaltungsbeamten zu entziehen. Solche rein staatlichen Polizeibehörden, nämlich Polizeipräsidenten und Polizeidirektoren, wurden in zunehmendem Maße eingesetzt und bestanden in der Zeit nach dem ersten Weltkrieg fast für alle größeren Städte.

Das Polizeirecht in Preußen wurde neu zusammengefaßt durch das Polizeiverwaltungsgesetz vom 1. 6. 1931. Das Gesetz bringt hinsichtlich der Ausübung der Polizeigewalt keine grundsätzlichen Neuerungen, sondern baut auf der bisherigen Entwicklung weiter auf. Ordentliche Polizeibehörden sind danach die Regierungspräsidenten als Landespolizeibehörde, die Landräte für die Landkreise und die Bürgermeister für die Stadtkreise als Kreispolizeibehörde und die bisherigen Träger der Ortspolizei als Ortspolizeibehörden. Das Gesetz sieht vor, daß für Stadtkreise und sonstige größere Orte staatliche Polizeibeamte, also Polizeipräsidenten und Polizeidirektoren anstelle der Träger der Ortspolizei eingesetzt werden.

Die Verreichlichung der Polizei durch den Führererlaß vom 17. 6. 1936 berührte den Aufbau der Polizei in Preußen nur wenig. An die Stelle des Landes trat nun das Reich, bei den mittleren und unteren Instanzen änderte sich jedoch kaum etwas.

b) Die süddeutsche Lösung.

In Bayern lag die oberste Leitung beim Innenminister. Unter ihm besorgten die Kreisregierungen in den Regierungsbezirken die Landespolizei. In den Verwaltungsdistrikten unterstanden ihnen die Bezirksämter als Distriktspolizeibehörden. Bei der Ortspolizei zeigt sich der grundsätzliche Unterschied zur norddeutsch-preußischen Lösung. Die Ortspolizei war wirkliche Selbstverwaltungsangelegenheit und gehörte zwar nicht zu den „eigentlichen Gemeindesachen", aber doch zu dem übertragenen Wirkungskreis. Den kreisfreien Städten standen die Befugnisse der Distriktspolizeibehörden zu. Doch konnten durch Anordnung der Staatsregierung die polizeilichen Befugnisse durch eigene staatliche Beamte, zunächst königliche Kommissäre, dann Polizeipräsidenten übernommen werden. Von dieser Möglichkeit machte die Staatsregierung weitgehend Gebrauch, sodaß nach deu ersten Weltkrieg auch in Bayern alle großen Städte staatliche Polizeipräsidenten hatten.

In Württemberg waren unter dem Innenminister als Staatsbehörde in Polizeiangelegenheiten die Kreisregierungen und in den Bezirken die Oberämter tätig. Die Handhabung der Ortspolizei stand den Gemeinden zu und zwar nach dem Gesetz selbst trotz gegenteiliger von mancher Seite vertretenen Auffassung als eigentliche Gemeindeaufgabe. Es ist jedoch nicht zu verkennen, daß die staatliche Aufsicht über die Polizeiverwaltungen über die regelmäßige Kommunalaufsicht weit hinausging und sich den Prinzipien einfacher behördlicher Über- und Unterordnung näherte.

In Baden, wo die höheren Polizeiinstanzen ähnlich geordnet waren wie in Württemberg, gehörte die Ortspolizeiverwaltung zu den den Gemeinden übertragenen Angelegenheiten. Daneben hatte der Staat das Recht, ausnahmsweise einzelne Zweige einer besonderen vom Staat aufgestellten Polizeistelle zuzuweisen. Hiervon wurde für alle größeren Städte Gebrauch gemacht.

Trotzdem das süddeutsche Polizeisystem auf dem Grundsatz der Selbstverwaltung beruhte, mußte es doch Schritt für Schritt der Verstaatlichung weichen. Die erste staatliche Polizeidirektion wurde schon im Jahre 1808 in München eingerichtet. Dann folgten nach und nach die anderen Städte, zuletzt in Württemberg, wo die Einrichtung staatlicher Polizeistellen in den Städten erst in den zwanziger Jahren des 20. Jahrhunderts stattfand. Die Entwicklung erreichte ihren Abschluß durch die Verreichlichung im Jahre 1936, die die Selbstverwaltung aus dem Polizeisystem auch in der Ortsinstanz ausschaltete. Insoweit bedeutete dieser Schritt in Süddeutschland eine größere Änderung als in Preußen.

c) Die gegenwärtige Lösung in der amerikanischen Zone.

Unter Verwendung der vor 1933 vorhandenen Grundlagen wurde hier die Polizei nach 1945 am schnellsten wieder aufgebaut. Nach der Auffassung der Militärregierung soll eine zu große Zentralisation vermieden werden. Das wird durch eine Zweiteilung der Polizei erreicht. In den Städten über 5000 Einwohnern besteht grundsätzlich eine Gemeinde- oder, wie sie vielfach genannt ward, Stadtpolizei unter der verantwortlichen Leitung des Bürgermeisters oder Oberbürgermeisters. Für die Gemeinden unter 5000 Einwohnern ist die Landpolizei vorhanden, die der Verantwortlichkeit des Ministerpräsidenten des betreffenden Landes untersteht, der seinerseits die Errichtung und laufende Verwaltung dem Innenminister überträgt. Die Stadtpolizei wird vom Staat nur im Rahmen der allgemeinen Staatsaufsicht kontrolliert.

Die ehemals selbständige Kriminalpolizei wurde aufgelöst und in die Land- und Stadtpolizei eingebaut.

Die Aufgaben der Polizei sind die gleichen wie früher. In ihren Mitteln ist die Polizei beschränkt worden sowohl durch das Verbot des Erlasses von Polizeiverordnungen als auch durch die Verminderung der ihr zustehenden Zwangsmittel.

d) Die gegenwärtige Lösung in der britischen Zone.

Hier schuf die Militärregierung selbst die Grundlagen für das neu aufgebaute Polizeisystem. Die ganze britische Zone wurde sogleich nach der Kapitulation in 39 Polizeibezirke eingeteilt. Örtlich umfaßt ein solcher Bezirk entweder einen Regierungsbezirk oder eine Stadt mit über 100 000 Einwohnern. Diese Städte sind also aus den Regierungsbezirken, zu denen sie gehören, herausgenommen und haben ihre eigene Polizei. Die Polizei der Regierungsbezirke führt die Bezeichnung Regierungsbezirkspolizei (RB-Polizei), die Polizei der Großstädte führt die Bezeichnung Stadtkreispolizei (SK-Polizei). Hinzu kommen noch 5 Bezirke der Wasserpolizei. An der Spitze jedes Polizeibezirks stand zunächst ein einzelner deutscher Beamter mit der Amtsbezeichnung Chef der Polizei. Er war der örtlichen Militärregierung unmittelbar unterstellt und hatte nur ihren Weisungen zu folgen. Mit den auf der gleichen Ebene liegenden deutschen Behörden, also dem Regierungspräsidenten und dem Oberbürgermeister, bestanden keine amtlichen Beziehungen.

Um die Jahreswende 1946/47 wurde die Polizeiverwaltung auf deutsche Stellen übertragen und zwar in einer von der Militärregierung vorgeschriebenen Form. Diese Form ist dann in den einzelnen Ländern in Polizeigesetzen oder Übergangsverordnungen zur Grundlage des Aufbaus der Polizei gemacht worden. Das System schließt sich weitgehend an die bisher in England angewandten Formen an. Es ist niedergelegt in der britischen Militärregierungsverordnung Nr. 135, die die Grundsätze enthält, an die die Länder bei ihrer Gesetzgebung gebunden sind. Das wichtigste an diesen Grundsätzen ist die Einschränkung des polizeilichen Aufgabenbereichs, die Herauslösung der Polizei aus der inneren Verwaltung und die parteipolitische Neutralisierung der Polizeibeamtenschaft.

Nach den Landesregelungen ist der Innenminister des jeweiligen Landes der britischen Zone die höchste polizeiliche Instanz. Ihm obliegt insbesondere die zentrale Lenkung der Polizei. Zu diesem Zweck kann er einheitliche Richtlinien über den Aufbau und die Ausgestaltung der Polizei in persönlicher und sachlicher Hinsicht herausgeben. Ihm obliegt die allgemeine Haushaltsüberwachung. Er hat ein Bestätigungsrecht in den Personalangelegenheiten der höheren Polizeibeamten. Er ist Landespolizei in überörtlichen Angelegenheiten. Zur Beratung in Verwaltungsangelegenheiten steht ihm der aus Volksvertretern und höheren Polizeibeamten gebildete Polizeisenat zur Seite. Für polizeitechnische Fragen steht ihm das Landespolizeinspektorat zur Verfügung, das insbesondere ihn über den Stand der Leistungsfähigkeit der Polizeibehörden zu beraten hat. Der Innenminister ist Beschwerdeinstanz bei der Entlassung von Polizeibeamten durch den Chef der Polizei.

An der Spitze eines jeden Polizeibezirks steht der Polizeiausschuß. Er wird von den Stadt- oder Kreisgemeindevertretungen aus ihren Mitgliedern gewählt. Die Zahl der Mitglieder schwankt zwischen 10 und 14 je nach der Größe des Bezirks. Der Ausschuß wählt einen Vorsitzenden aus seiner Mitte und außerdem einen Polizeifachmann als Geschäftsführer zur Erledigung der laufenden Angelegenheiten. Der Polizeiausschuß ist zuständig für den gesamten Aufbau und Ausbau der Polizei in seinem Bezirk. Er ist Anstellungsbehörde für alle Beamten, Angestellten und Arbeiter. Er ist insbesondere zuständig für die Ernennung und Abberufung des Chefs der Polizei.

Der Chef der Polizei verfügt und leitet den Einsatz der Polizei. Er darf die niederen Polizeibeamten selbst ernennen, befördern und entlassen, wobei im einzelnen eine bestimmte Form des Zusammenwirkens mit dem Polizeiausschuß maßgeblich ist.

Die Gemeinden und Gemeindeverbände haben keinerlei materielle Zuständigkeiten in Polizeiangelegenheiten. Sie sind jedoch die Finanzträger der Polizeikosten, was verständlicherweise ständig zu heftiger Kritik Anlaß gibt. Das Land beteiligt sich in gewissem Umfang an den Kosten.

Die Gemeindevertretung hat das Recht, den Ausschuß zu wählen und kann hierdurch einen gewissen Einfluß auf die Mitglieder ausüben. Die Erfahrung lehrt jedoch, daß der Einfluß nach einiger Zeit verschwindet und der Polizeiausschuß oft selbständige, der Gemeinde nicht genehme Wege geht.

Der Regierungspräsident ist Aufsichtsbehörde über den RB-Polizeiausschuß, nicht auch über den Chef der RB-Polizei. Irgendwelche Aufsichtsbefugnisse über die Stadtkreispolizei stehen ihm nicht zu.

Einen weiteren bedeutenden Eingriff in das Polizeiwesen hat die Militärregierung in der britischen Zone durch die Trennung der Verwaltungspolizei von der übrigen Polizei, die mit Wirkung vom 1. 4. 1946 erfolgte, vorgenommen. Die Verwaltungspolizei ist nunmehr auf die Gemeinden und Gemeindeverbände übertragen worden, die entweder eigene Dienststellen eingerichtet haben (Ordnungsämter) oder die Aufgaben durch die einzelnen bereits bestehenden Dienststellen (Gesundheitsbehörde, Baubehörde, Gewerbeaufsichtsbehörde usw.) erledigen lassen. Auch diese Änderung erfolgte nach dem Vorbild der englischen Verhältnisse, wo die Polizei grundsätzlich auf den Straßendienst beschränkt ist.

Die Kriminalpolizei ist in die Organisation der Sicherheitspolizei eingebaut. Es bestehen besondere Kriminaldienststellen an der Spitze des Bezirks, während bei den einzelnen Polizeirevieren für die Erledigung der örtlichen Angelegenheiten zuständige Kriminalbeamte stationiert sind.

e) Die gegenwärtige Lösung in der französischen Zone.

Endgültige Bestimmungen sind bisher noch nicht erlassen. Jedoch ist schon jetzt festzustellen, da die Polizei weitgehend verstaatlicht und einheitlich gelenkt wird. Maßgeblich in weitem Umfang ist das Vorbild der norddeutschen Lösung aus der Zeit vor 1933.

f) Die gegenwärtige Lösung in der russischen Zone.

Kurz nach 1945 wurde die Polizei als Kommunalaufgabe wieder aufgebaut. Sehr bald aber schalteten sich die Länder ein und die Polizei wurde staatlich. Seit 1948 ist die Leitung der Polizei für die gesamte Zone auf die Zentralverwaltung des Inneren übergegangen. Die Organisation hat so große Ähnlichkeit mit der bis 1945 bestehenden.

7. Materielles Polizeirecht der Gegenwart.

Trotz des neuen und uneinheitlichen Aufbaus der Polizei sind für sämtliche Zweige weitgehend die bisher geltenden materiellen Rechtsbestimmungen in Wirksamkeit geblieben. Wo neues Polizeirecht geschaffen wird, sollten möglichst einheitliche Maßnahmen erstrebt werden, was bereits jetzt durch die ständige Fühlungnahme der leitenden Polizeistellen in gewissem Umfang geschieht.

Für die Aufgaben der Sicherheitspolizei sind weiterhin die Erkenntnisse der deutschen Rechtsprechung und des deutschen Schrifttums maßgeblich. Grundlage ihrer Tätigkeit ist die Abwehr von Gefahren, die der Rechtsordnung durch den bösen Willen von Menschen drohen. Sie hat sich vor allem mit Handlungen zu befassen, die nicht bereits begangen sind, sondern der Rechtsordnung erst in der Zukunft drohen. Die das festlegenden gesetzlichen Bestimmungen, z. B. § 14 PVG., sind noch anwendbar.

Das ist das wesentlichste Unterscheidungsmerkmal gegenüber der Kriminalpolizei, die in der Vergangenheit liegende Rechtsbrüche aufzuklären hat. Die von ihr anzuwendenden Mittel sind aus der Strafprozeßordnung — nunmehr Richteranweisung Nr. 2 der Militärregierung — zu ersehen. Die Beamten der Kriminalpolizei sind Hilfsbeamte der Staatsanwaltschaft (§ 152 GVG.) und als solche verpflichtet, den Anweisungen dieser Behörde Folge zu leisten.

Für die von der Sicherheitspolizei und Kriminalpolizei anzuwendenden Mittel und ihre Unterscheidung voneinander gelten somit die alten Regeln mit der einzigen Ausnahme, daß der Sicherheitspolizei in der englischen und amerikanischen Zone die im einzelnen bereits erwähnten Beschränkungen auferlegt sind.

Am schwersten zu überblicken ist die Tätigkeit der Verwaltungspolizei. Schon bisher waren für sie zahlreiche Gesetze maßgeblich entsprechend ihrem sich auf die verschiedensten Gebiete des täglichen Lebens erstreckenden Wirkungsbereich. Hinzukommen nun dort, wo sie kommunalisiert ist, Unsicherheiten hinsichtlich der von ihr anwendbaren Zwangsmittel. Dies ist gerade heute angesichts der starken Eingriffe der Behörden in den Lebensbereich des einzelnen und der infolgedessen unausbleiblichen stärkeren Opposition des Betroffenen ein wichtiger Punkt. Im allgemeinen wird es richtig sein, auf die früheren Regeln, für die preußischen Gebiete insbesondere die im Landesverwaltungsgesetz enthaltenen Bestimmungen zurückzugreifen.

17. Kapitel
Berufsrecht

1. Begriff.

Das Recht hat sich zu verschiedenen Zeiten in verschiedenem Umfang mit den einzelnen Berufen und den sie ausübenden Personen befaßt. Wenn hierfür rechtliche Vorschriften bestehen, so ist noch nichts darüber gesagt, um welchen Rechtszweig es sich handelt. In Betracht kommt, um die beiden Extreme zu bezeichnen, von der Berufsgruppe in engerem oder weiterem Umfang selbst gesetztes Recht oder ihr vom Staat auferlegtes Recht. Die erstere Möglichkeit führt im allgemeinen zu einer Form des Genossenschaftsrechts. Die letztere Möglichkeit ist denkbar bei jeder von staatlichen Einflüssen nicht freien Wirtschaft, wobei der Grad der staatlichen Beeinflussung verschieden sein kann. Die Einflüsse werden sich meist in wirtschaftsrechtlichen und verwaltungsrechtlichen Maßnahmen äußern. Insoweit ist dann das Verwaltungsrecht am Berufsrecht beteiligt.

Die von solchen staatlichen Eingriffen betroffenen Berufszweige haben sich in den letzten Jahrzehnten vermehrt. Einer Sonderbehandlung unterliegen von jeher die Personen, die in Staatsdiensten stehen, die Beamten. Von den sonstigen Berufen waren es in früherer Zeit vor allem Handel und Gewerbe, für die besondere verwaltungsrechtliche Vorschriften bestanden. Nun aber gibt es auch für ehedem verwaltungsrechtsfreie Berufe derartige Vorschriften, sodaß ein schiefes Bild entstände, wenn sie in einer verwaltungsrechtlichen Darstellung nicht berücksichtigt würden. Nicht alle Berufsarten werden gleichmäßig vom Verwaltungsrecht erfaßt. Unterschiede bestehen nicht nur in der Intensität der Erfassung, sondern auch in der Art und Weise der Einbeziehung in den verwaltungsrechtlichen Sektor. Die am häufigsten vorkommenden Möglichkeiten sind Erfassung durch polizeiliche und organisatorische Bestimmungen.

2. Gewerberecht.

a) Geschichte.

Das geltende Gewerberecht ist nur zu verstehen, wenn seine geschichtliche Entwicklung berücksichtigt wird. Das wichtigste Gesetz auf diesem Gebiet, die Reichsgewerbeordnung, noch erlassen vom Norddeutschen Bund am 21. 6. 1869, geht aus von der Gewerbefreiheit. Gewerbefreiheit in ihrem Sinn bedeutet vor allem Freiheit von dem bis ins 19. Jahrhundert hineinragende Zunft- und Innungswesen mit seinen genossenschaftlichen Bindungen. Sie bedeutet einen vollen Sieg des Manchestertums des liberalen Staates. Sie besteht darin, daß die Zulassung zum Gewerbe niemandem anders als aus gesetzlich festgelegten Gründen verwehrt werden kann. Von der Zulassung zu unterscheiden ist die Ausübung des zugelassenen Gewerbebetriebes. Er muß sich genau so in den Rahmen der allgemeinen Ordnung und Sicherheit einfügen wie jede andere menschliche Handlung im Staat. Dies zu gewährleisten ist Sache der Polizei. Wenn die Polizei aber schon die Ausübung des Gewerbes überwacht, kann sie auch die Zulassungsformalitäten im Rahmen der gesetzlichen Bestimmungen erledigen. Die staatlichen Maßnahmen hinsichtlich des Gewerbes sind nach dieser Auffassung mithin vorwiegend polizeilicher Natur. Daß sie zum Verwaltungsrecht gehören, unterliegt keinem Zweifel.

Als Nachklang an das frühere Ständerecht enthält das Gewerberecht sodann Bestimmungen über die Organisation des Handwerks, die ebenfalls als dem Verwaltungsrecht angehörend anzusehen sind.

Die Zurückhaltung des Staates in wirtschaftlichen Angelegenheiten wurde nach dem Ende des ersten Weltkrieges aufgegeben. Zunächst blieb es bei zusammenhanglosen Versuchen der Einführung planwirtschaftlicher Gesetze (z. B. Kohlenwirtschaftsgesetz vom 23. 3. 1919, Kartellordnung vom 2. 11. 1923). Tiefer griffen spätere Anordnungen, so z. B. das Einzelhandelsschutzgesetz vom 12. 5. 1933 in die Gewerbefreiheit ein. Die staatlichen Maßnahmen führten schließlich zu einer fast völligen Planwirtschaft mit Kriegswirtschaftsverordnung, Preisrecht, Gebrauchsregelungsrecht usw. Alles dies gehört zum Wirtschaftsrecht und nicht zum Verwaltungsrecht.

b) Begriff des Gewerbes.

Gewerbe ist jede auf Erwerb gerichtete berufsmäig ausgeübte Tätigkeit, welche nicht zu den liberalen Berufen oder zur Urproduktion gehört. Was unter den beiden letzteren Tätigkeiten zu verstehen ist, ergibt sich aus § 6 GewO.

c) Gewerbebeschränkungen.

Für die Gewerbe bestehen bereits nach der GewO. eine Reihe von Beschränkungen, die das Gesetz als Ausnahmen von der grundsätzlichen Gewerbefreiheit auffaßt.

Der Beginn eines jeden Gewerbebetriebes muß der örtlich zuständigen Verwaltung angezeigt werden. Ein einmal abgemeldeter Betrieb muß von neuem angemeldet werden, wenn er trotz der Abmeldung weiter fortgesetzt werden soll.

Gewisse Gewerbebetriebe bedürfen einer besonderen Zulassung, wodurch gewerbliche Berechtigungen entstehen. Sie zerfallen in zwei Gruppen: die Konzessionen im vollsten Sinne und diejenigen, die meist Gewerbepolizeierlaubnisse genannt werden. Hinzutreten als dritte Gruppe die Berechtigungen, die ohne besonderes Verfahren einem jeden auf Grund der Bestimmungen über die Gewerbefreiheit zustehen.

Zu der ersten Gruppe gehören die Eisenbahnkonzessionen, die Konzessionen zur Errichtung von Gas-, Wasser- und Elektrizitätswerken durch private Gesellschaften. Das durch sie erwirkte Betriebsrecht ist ein subjektiv-öffentliches Recht.

Zu der zweiten Gruppe gehören zwei Arten, nämlich die dinglich gebundene und die persönliche Konsession. Trotz der uneinheitlichen Ausdrucksweise der Gesetze, die manchmal von Genehmigung, Erlaubnis oder von Konzession sprechen, empfiehlt sich die Beibehaltung des letzteren Ausdrucks, der sich in Theorie und Praxis seit langem eingebürgert hat. Auch diese Konzessionen werden nach der herrschenden Lehre als subjektiv-öffentliche Rechte aufgefaßt.

Eine dinglich gebundene Konzession ist erforderlich für den Betrieb bestimmter Anlagen, die im Gesetz im einzelnen angegeben sind (insb. § 16 GewO.). Wenn für eine solche Anlage einmal eine Konzession gegeben ist, haftet sie an ihr, gleichgültig wer sie jeweils betreibt und wer der Eigentümer ist. Das dem jeweiligen Inhaber der Anlage zustehende subjektiv-öffentliche Recht schützt ihn privatrechtlich gegen alle Eingriffe Dritter und öffentlich-rechtlich vor neuen Auflagen der Verwaltung. Es findet seine Grenze nur an den allgemeinen polizeilichen Maßnahmen bei Vorliegen eines öffentlichen Notstandes (z. B. pr.OVG. 54, 376).

Einer persönlichen Betriebsgenehmigung bedürfen bestimmte Unternehmer, die im einzelnen ebenfalls im Gesetz aufgeführt sind (§§ 30ff GewO., sowie einige weitere Gesetze).

Gewisse Gewerbe bedürfen für ihren Betrieb der Genehmigung der Ortspolizeibehörde (§§ 33B ff GewO.). Hier entsteht für den Berechtigten nur ein öffentlich-rechtlicher Besitzstand, der ihn davor schützt, daß die einmal erteilte Erlaubnis aus anderen als im Gesetz angegebenen Gründen entzogen wird.

Eine Anzahl von Gewerben (§ 35 GewO.) kann untersagt werden, wenn Tatsachen vorliegen, die die Unzuverlässigkeit des Gewerbetreibenden dartun. Ob in solchen Fällen polizeilicher Duldung ein subjektiv-öffentliches Recht des Gewerbeinhabers vorliegt, ist äußerst bestritten. Man wird die Frage verneinen müssen.

d) Arten des Gewerbes.

Die Beweglichkeit des Gewerbes ist von Bedeutung für die anzuwendenden Rechtssätze. So ist zu unterscheiden das stehende Gewerbe von dem Wandergewerbe, das ohne Begründung einer gewerblichen Niederlassung im Umherziehen außerhalb des Wohnsitzes betrieben wird (§§ 5 ff GewO.), dem ambulanten Gewerbe, das im Umherziehen innerhalb des Gemeindebezirks betrieben wird, in dem der Gewerbetreibende seine gewerbliche Niederlassung oder seinen Wohnsitz hat (§§ 42 ff GewO.) und dem Marktverkehr (§§ 64 ff GewO.).

Eine andere Einteilungsmöglichkeit geben die verschiedenen Branchen. Eine Reihe von ihnen werden in der GewO. aufgeführt im Zusammenhang mit den jeweils für sie geltenden Bestimmungen. Viele Gewerbezweige werden jedoch durch besondere Gesetze geregelt, so z. B. der Handel mit Milch (Milchgesetz vom 31. 7. 1930), das Gaststättengewerbe (Gaststättengesetz vom 28. 4. 1930) usw.

e) Verfahren.

Einheitliche Verfahrensvorschriften sind nicht vorhanden. Die die einzelnen Materien regelnden Gesetze enthalten meist auch Anweisungen über den Gang des Verfahrens.

3. Handwerk und Fabrik.

Handwerk und Fabrik sind verschiedene Arten des Gewerbes. Von Bedeutung war der Unterschied in der Vergangenheit vor allem für Fragen des Arbeitsschutzes, die für beide Gewerbearten verschieden geregelt waren. Nach der durch die Novelle zur Gewerbeordnung vom 28. 12. 1908 erfolgten Gleichstellung insoweit liegt nunmehr noch der Unterschied darin, daß nur die Handwerker und nicht die Fabrikanten der Organisation des Handwerks und der Lehrlingsverhältnisse, sowie den Anordnungen der Handwerkskammern (§§ 103 ffGewO) unterliegen und daß nur die Handwerker die Voraussetzungen für die Erlangung des Meistertitels (§ 133 GewO) zu erfüllen haben. Die Gesetze machen die Zugehörigkeit zum Handwerk abhängig von der Eintragung in die Handwerkerrolle. In diese öffentliche Urkunde kann derjenige nicht eingetragen werden, dessen Gewerbebetrieb eine Fabrik ist.

Bei einer Fabrik muß die Betriebsgrundlage in theoretisch-konstruktiver Tätigkeit oder wissenschaftlicher Planung bestehen. Der

Arbeitsgang ist nicht von mit besonderen Fachkenntnissen versehenen Arbeitern abhängig. Er kann auch durch schnell anlernbare oder ungelernte Kräfte durchgeführt werden, da er durch reichhaltige Maschinenverwendung und Arbeitsteilung derart aufgespalten ist, daß nur noch keine besonderen Fachkenntnisse voraussetzende einfache Handgriffe erforderlich sind. Eine einheitliche Kraftquelle für den Antrieb der Maschinen und die Produktion von wenigen Arten in Massen sprechen im Zweifel für eine Fabrik. Wenn eines dieser Merkmale vorliegt, wird es schwer halten, einen Gewerbebetrieb als Handwerksbetrieb anzusehen und ihn in die Handwerkerrolle einzutragen.

4. Heimarbeit und Hausarbeit.

Wenn die gewerbliche Arbeit weder in dem Handwerks- noch Fabrikbetrieb selbst geleistet wird, besteht die Möglichkeit ihrer Aufteilung auf Personen, deren Arbeitsstätte sich an einem von ihnen selbst gewählten Ort, meist ihrer Wohnung, befindet. Auf dieser Möglichkeit baut die Hausindustrie (Reichsgesetz v. 27./30. 6. 1923 — RGBl. I S. 472) auf. Sie hat nunmehr wegen der Flüchtlinge, die häufig aus familiären Gründen (Frauen mit kleinen Kindern!) auf Heimarbeit angewiesen sind, erhöhte Bedeutung erlangt.

Bei der Hausindustrie wirken drei Personengruppen zusammen: Verleger, Zwischenmeister und Hausgewerbetreibender oder Heimarbeiter.

Der Verleger beschafft die Produktionsmittel und die Rohstoffe und gibt an, welche Werke herzustellen und welche Arbeit zu leisten ist.

Alles dies leitet er weiter an den Zwischenmeister. Dieser verteilt Arbeitsmaterial und Aufträge des Verlegers an die einzelnen Arbeitsstellen. Er sammelt die fertig gestellte Ware auch wieder von ihnen ein.

Arbeitet der die bestellten Gegenstände Herstellende nur nach den Anweisungen des Zwischenmeisters und wird er von ihm für die jeweils auf Bestellung geleistete Arbeit abgelohnt (Lohnsystem), so ist er nicht ein selbständiger Gewerbetreibender.

Besitzt der Hersteller jedoch eine eigene ausgebaute Werkstätte und erhält er keinen Lohn für die jeweils geleistete Arbeit, sondern ein Entgelt für erledigte Aufträge, so kann er Hausgewerbetreibender sein, auch wenn er im Auftrage und für Rechnung anderer Gewerbetreibender, insb. von Verlegern, tätig wird. Voraussetzung ist allerdings eine gewisse Freiheit in der Auswahl der Verleger, an die der Gewerbetreibende dann seine eigene Ware verkauft (Kaufsystem).

5. Gewerbe und Handel.

Ein Gewerbebetrieb nach Gewerberecht kann zugleich ein Handelsbetrieb nach Handelsrecht sein. Das Gesetz verbietet das nicht, ist aber bestrebt, eine derartige Doppelstellung nach Möglichkeit zu unterbinden.

Wo nur das Vorliegen der einen oder anderen Betriebsart behauptet wird, ist die Unterscheidung oft sehr schwierig. Auch hier gibt es keine ein für allemal festliegende Abgrenzungen. Die Rechtsprechung steht im allgemeinen auf dem Standpunkt, daß der Betriebscharakter eines Gewerbeunternehmens nicht dadurch geändert wird, daß es neben seinen eigenen Erzeugnissen auch anderweit fertig bezogene Waren verkauft oder daß mehrere gewerbliche Unternehmen in einem kaufmännischen Unternehmen zur besseren Ausnutzung der Einkaufs- und Werbemöglichkeiten zusammengefaßt sind. Werden neben den eigenen Erzeugnissen auch anderweit fertig bezogene Waren verkauft, so bestimmt sich der Geschäftscharakter nach der vorwiegenden Tätigkeit, also derjenigen, die dem Betrieb das wirtschaftliche Gepräge gibt.

Die Unterscheidung ist bedeutungsvoll im Hinblick auf §§ 4, 17 bis 37, 8 bis 16, 38 bis 58 HGB.

6. Organisationsbestimmungen.

Das Verwaltungsrecht gibt Organisationsbestimmungen teilweise für Berufe, hinsichtlich welcher auch sonstige verwaltungsrechtliche Bestimungen vorhanden sind, teilweise aber auch für Berufe, die im übrigen entweder nach außerverwaltungsrechtlichen Regeln leben oder die sich selbst für sie maßgebliche Satzungen schaffen. Zu der ersten Gruppe gehören als hauptsächliche Beispiele die Industrie, also vorwiegend Fabriken, und das Handwerk. Zu der zweiten Gruppe gehören unter anderem die sogenannten freien Berufe, die Rechtsanwälte, Ärzte usw.

a) Die Industrie.

Die organisatorische Zusammenfassung der industriellen Werke erfolgt in den Industrie- und Handelskammern. Nachdem das Gesetz zur Vorbereitung des organischen Aufbaus der deutschen Wirtschaft vom 27. 2. 1934 außer Kraft gesetzt ist, gelten für die Kammern die älteren landesrechtlichen Bestimmungen. So werden beispielsweise die Industrie- und Handelskammern auf dem preuß. Gebiet nach dem preu. Gesetz vom 24. 2. 1870 idF. der Verordnung vom 1. 4. 1924 wieder aufgebaut. Die einzelnen Kammern sind im allgemeinen durch besondete Erlasse der Militärregierung an den Stellen, wo sie früher bestanden, also meist in den Provinzhauptstädten neu ins Leben gerufen worden.

b) Das Handwerk.

Die in der Vergangenheit bestehenden Unklarheiten, welche Betriebe zum Handwerk gehörten, wurden durch das Gesetz über den vorläufigen Aufbau des deutschen Handwerks vom 29. 11. 1933 behoben. Die erste Verordnung hierzu vom 15. 6. 1934 brachte ein Verzeichnis der Gewerbe, die handwerksmäßig betrieben werden können. Wer ein solches Handwerk betreibt und in die Handwerksrolle (§ 104 OGewO., bezw. dritte VO über den vorläufigen Aufbau des deutschen Handwerks vom 18. 1. 1935 idF. vom 22. 1. 1936) eingetragen ist, ist Handwerker im Sinne des Gesetzes. Die Handwerksrollen werden bei den Handwerkskammern geführt. Handwerkskammern sind für größere Bezirke, im allgemeinen für die Provinzen gebildet. Sie sind Körperschaften des öffentlichen Rechts und haben die Berufsinteressen des Handwerks zu vertreten. Selbständige Handwerker des gleichen Handwerks oder verwandter Handwerke können zur Förderung ihrer gemeinsamen gewerblichen Interessen innerhalb eines bestimmten Bezirks zu einer Handwerksinnung zusammentreten. Auch diese Innungen sind Körperschaften des öffentlichen Rechts (§§ 81 ff. GewO.). Die Innungen finden dann ihrerseits in den Handwerkskammern ihre Zusammenfassung.

Nach dem Zusammenbruch ist es zweifelhaft, ob diese reichsrechtliche Bestimmungen noch bestehen. Im allgemeinen wird die Frage bejaht. Wo Sonderregelungen ergangen sind, wie in der britischen Zone, (vergl. z. B. Verordnung über den Aufbau des Handwerks vom 6. 12. 1946 und 7. 2. 1947 des Wirtschaftsministers des Landes Nordrhein-Westfalen-Gesetz- und Verordnungsblatt, 21 ff.) schließen sie sich eng an die bisherigen Bestimmungen an.

c) Standesorganisation freier Berufe.

Eine Anzahl freier Berufe wurde seit 1933 in für das ganze

Reichsgebiet einheitlichen Standesorganisationen zusammengefaßt. Für die Ärzte erging am 13. 12. 1933 die Reichsärzteordnung, für die Rechtsanwälte am 13. 2. 1936 die Reichsrechtsanwaltsordnung, für die Tierärzte am 3. 4. 1936 die Reichstierärzteordnung, für die Apotheker am 18. 4. 1937 die Reichsapothekerordnung.

Nach all diesen Bestimmungen ist die Ausübung des betreffenden Berufs kein Gewerbe. Vielmehr erfüllen die Berufsangehörigen eine öffentliche Aufgabe. Die Standesinteressen des Berufes werden durch besondere Kammern wahrgenommen. Diese Kammern sind Körperschaften des öffentlichen Rechts. Sie sind im weiten Umfange eingeschaltet bei der Zulassung neuer Bewerber zur Ausübung des Berufs, wenngeich die Zulassung selbst durch eine jeweils in den Gesetzen bestimmte Behörde erfolgt.

Polizeiliche Bestimmungen im Hinblick auf die Ausübung, wie sie etwa §§ 16 ff. GewO. entsprechen würden, sind nicht vorhanden. Sie werden ersetzt durch standesrechtliche Bestimmungen, insbes. von in den einzelnen Ordnungen eingebauten Disziplinarordnungen. Die territorial für das ganze Reichsgebiet einheitliche Organisation ist seit 1945 zusammengebrochen. Es haben sch aber in den einzelnen Zonen mit Billigung der Militärregierungen wieder Kammern gebildet, die einen Zusammenschluß auf weiterer Ebene erstreben. Die Kammern arbeiten und organisieren sich nach den Richtlinien der erwähnten Reichsgesetze, wobei jedoch das Führerprinzip durch demokratische Grundsätze ersetzt ist. Das ist besonders wichtig für die Fragen der Zulassung zum Beruf und des Ausschlusses vom Beruf infolge nicht standesgemäßen Verhaltens.

Die Interessen der Landwirtschaft und der in ihr Berufstätigen werden durch die Landwirtschaftskammern wahrgenommen (z. B. Gesetz des Wirtschaftsrates über die Auflösung des Reichsnährstandes vom 21. 1. 1948 (GVBl. S. 21), in der Ostzone durch gewerkschaftliche Zusammenschlüsse (gegenseitige Bauernhilfe).

18. Kapitel
Beamtenrecht

1. Begriff des Beamten.

a) Im Sinne des Staatsrechts.

Beamte im Sinne des Staatsrechts sind Personen, die in einem öffentlich-rechtlichen Dienst- und Treueverhältnis stehen.

Keine Beamten sind: die Kirchenbeamten, die Soldaten, die Notare, die Assessoren.

b) Im Sinne der Haftungsgesetze.

Der Beamtenbegriff im Sinne des Art. 131 WRV. und der Staatshaftungsgesetze ist weiter. Unter ihn fallen nicht nur Beamte im staatsrechtlichen Sinne, sondern auch Angestellte und Arbeiter, die in einem privatrechtlichen Dienstvertrag mit dem Staat oder einer öffentlich-rechtlichen Körperschaft stehen, sofern sie einem öffentlich-rechtlichen Gewaltverhältnis unterworfen sind.

c) Im Sinne des Strafrechts.

Gemäß § 359 StGB. sind unter Beamten zu verstehen alle unmittelbar oder mittelbar im Dienst des Reichs, eines Landes oder einer Gebietskörperschaft auf Lebenszeit, auf Zeit oder nur vorläufig angestellten Personen, ohne Unterschied, ob sie einen Treueid geleistet haben oder nicht. Weiterhin ist auch jeder Behördenangestellte, der Dienstverrichtungen öffentlich-rechtlicher Art vornimmt, Beamter im Sinne des Strafrechts.

2. Begründung des Beamtenverhältnisses.

Sie ist auf dreierlei Weise denkbar. Diese Möglichkeiten wurden früher i. a. theoretisch begründet. Die neueren Gesetze geben jedoch meist positive Vorschriften.

Das Beamtenverhältnis kann begründet werden durch öffentlich-rechtlichen Vertrag. Gegen diese Lösung kann vorgebracht werden, daß ein Vertrag grundsätzlich zwei gleichgeordnete Parteien voraussetzt und daß diese Voraussetzung bei dem Beamten und dem Staat oder dem öffentlich-rechtlichen Verband nicht vorhanden ist. Neuere Gesetze, z. B. das hessische Gesetz über die Rechtsstellung der Beamten und Angestellten im öffentlichen Dienst vom 12. 11. 1946 bestimmen jedoch ausdrücklich, daß die Anstellung als Beamter durch Anstellungsvertrag erfolgt (§§ 4, 61 1. c.).

Die Begründung des Beamtenverhältnisses wird als ein Musterbeispiel für einen Verwaltungsakt auf Unterwerfung von denjenigen angesehen, die derartige Akte für zweckmäßig und notwendig halten (RGZ. 110, 192; die national-sozialistische Ansicht tendierte in dieser Richtung.).

Die vor 1933 herrschende Lehre sah in der Begründung eines Beamtenverhältnisses einen zweiseitigen Verwaltungsakt. Dem schließt sich § 10 bizonales Beamtengesetz vom 15. 3. 1949 an, wonach das Beamtenverhältnis „mit der Aushändigung einer Urkunde begründet" wird.

3. Abgrenzung des Beamtenverhältnisses.

Die moderne öffentliche Verwaltung beschäftigt seit langem zahlreiche Bedienstete, von denen nur ein Teil Beamte sind. Es bildete sich folgende Unterscheidung:

Wenn der Bedienstete als Repräsentant des Staates oder des öffentlich-rechtlichen Verbandes, bei dem er beschäftigt ist, auftritt und vorwiegend hoheitliche Funktionen zu verrichten hat, handelt es sich um einen Beamten.

Besteht seine Tätigkeit vorwiegend in der Erledigung technischer oder wirtschaftlicher Aufgaben, so handelt es sich um einen Behördenangestellten.

Diese durch Theorie und Rechtsprechung in langer Zeit ausgearbeiteten Grundlagen sind jedoch heute für das einzelne Dienstverhältnis nicht mehr maßgeblich. Vielmehr sind sie inzwischen durch die tatsächliche Entwicklung weitgehend überholt, weil in der Beschäftigungsart kaum noch ein Unterschied zwischen der Tätigkeit eines Beamten und eines Behördenangestellten zu bemerken ist. Die einzelnen neueren gesetzlichen Regelungen berücksichtigen diese Entwicklung, behalten es sich aber vor, für den einzelnen Fall genau feststellbare Voraussetzungen zu verlangen. Eine von sämtlichen Regelungen nunmehr verlangte Voraussetzung ist, daß dem Beamten eine Urkunde ausgestellt wird, die seine Beamteneigenschaft, seine Berufung in das Beamtenverhältnis oder dergleichen dartut. Wer eine solche Urkunde nicht hat, ist kein Beamter. Die Urkunde wird erst erteilt, wenn alle anderen Voraussetzungen, insbesondere theoretische Vorbildung, praktische Probetätigkeit usw. erfüllt sind.

Wer im öffentlichen Dienst tätig ist, ohne Beamter zu sein, ist Arbeiter oder Angestellter. Für die Begründung eines Arbeitsverhältnisses gelten die allgemeinen Bestimmungen des bürgerlichen Rechts und des Arbeitsrechts. Ein Arbeiter wird niemals irgendwelche hoheitlichen Funktionen verrichten. Seine Rechtslage ist daher mit aller Deutlichkeit von der des Angestellten oder Beamten zu unterscheiden.

Der Angestellte jedoch wird trotz entgegenstehender Grundsätze praktisch häufig mit Hoheitsaufgaben befaßt. Nichts Ungewöhnliches ist es auch, daß ein Angestellter Vorgesetzter von Beamten ist. In der Praxis ist so der Unterschied zwischen Beamten und Angestellten weitgehend verschwunden. Das berücksichtigt das bizonale Beamtengesetz vom 1. 3. 1949, welches als „Verwaltungsangehörige" nur noch Beamte und Arbeiter kennt (§ 2). Die meisten bisherigen Angestellten werden hierdurch zu Beamten, was die Grenze zwischen der Beamtenschaft und der übrigen Bevölkerung verwischt. Eine solche Regelung kann dem besseren Einbau der Berufsgruppe der Beamten in die Volksgemeinschaft dienen. Alle diese Unterschiede entfallen dort, wo es, wie in der Ostzone, überhaupt keine Beamten, sondern nur durch Dienstvertrag angestellte Behördenbedienstete gibt.

Aus der Zahl der Angestellten ragen die Dauerangestellten hervor, die, wie der Name sagt, lange Zeit hindurch bei der Behörde tätig sind.

Wenn so hinsichtlich der Beschäftigung und der äußeren Erscheinungsweise wesentliche Unterschiede zwischen Beamten und Angestellten nicht feststellbar sind, so sind doch erhebliche Unterschiede vorhanden hinsichtlich der sich aus den Anstellungsverhältnissen ergebenden Folgen sowohl in verwaltungsrechtlicher als auch in zivilrechtlicher Hinsicht. Die Verschiedenheiten in der Art des Beamtenverhältnisses, die Fürsorge des Staates bei Krankheit oder nach dem Tode betrifft nur den Beamten und nicht den Angestellten.

Eine Mittelstellung nehmen die Dauerangestellten ein. Sie können gekündigt werden wie die Angestellten, wenn auch meist nur unter für den Arbeitsgeber erschwerten Umständen. Andrerseits haben sie Ruhegehalt und Anspruch auf Weiterzahlung des Gehaltes im Krankheitsfall wie ein Beamter.

4. Nicht wesentliche Merkmale des Beamtenverhältnisses.

Lebenslänglichkeit der Anstellung ist nicht erforderlich. Es gibt auch Beamte auf Zeit und Beamte auf Widerruf. Wenn die Zeitdauer, für die das Beamtenverhältnis bestehen soll, nicht von vorn herein festgelegt ist, sondern wenn es beliebig, meist nach bestimmten Voraussetzungen beendet werden kann, handelt es sich um Kündigungsbeamte.

Nicht jeder Beamte wird besoldet. Es gibt auch Ehrenbeamte, die kein Gehalt bekommen, sondern allenfalls Dienstaufwandsentschädigungen oder einen ihre Unkosten deckenden Ehrensold.

Der moderne Staat wird seine Beamten meist vereidigen. Ein Eid ist zur Begründung eines Beamtenverhältnisses aber nicht erforderlich.

Ein Beamter muß nicht notwendigerweise mit hoheitlicher Verwaltung beschäftigt sein.

Wenn eine Person Beamter ist, bleibt sie es auch dann, wenn sie zeitweilig kein Amt innehat (RGZ. 127, 332).

Nur bestimmte Beamtengruppen, z. B. Richter nach GVG., haben einen Anspruch auf Verwaltung gerade eines bestimmten Amtes. I. ü. kann jemand auch Beamter sein, ohne ein Hauptamt auszuüben.

5. Arten der Beamten.

Nach den verschiedenen Dienstherren gibt es Reichsbeamte, Landesbeamte und Körperschaft-, insb. Kommunalbeamte. Bei den Reichsbeamten sind zu unterscheiden unmittelbare Reichsbeamte, deren einziger Dienstherr das Reich ist, und mittelbare Reichsbeamte, die außer dem Reich noch einen weiteren Dienstherrn haben, meist ein Land oder eine Gemeinde. Bei den Landesbeamten gibt es ebenfalls unmittelbare und mittelbare: mittelbare Landesbeamte sind solche, die im Dienst einer Körperschaft des öffentlichen Rechts stehen, die dem Staat zur Erfüllung gewisser Aufgaben unter Staatsaufsicht verpflichtet sind.

Durch das Gesetz über die Vereinheitlichung des Behördenaufbaus vom 5. 7. 1939 — RGBl. I, S. 1197 — wurde die Zahl der unmittelbaren Reichsbeamten sehr vergrößert dadurch, daß die Behörden der Länder zugleich Behörden des Reichs wurden. Diese

Rechtsfolge ist durch den Zusammenbruch wieder beseitigt worden. Mit dem Fortfall des Reichs und seiner Behörden sind infolgedessen alle unmittelbaren Reichsbeamtenverhältnisse gegenstandslos geworden.

Wenn ein Beamter den Dienstherrn wechselt, muß auch ein neues Beamtenverhältnis begründet werden. Aus dem alten Verhältnis kann er andernfalls dem neuen Dienstherrn gegenüber keine Rechte herleiten. Hieraus folgt, daß die in den neu begründeten Ländern nach 1945 eingestellten Beamten aus früheren Beamtenverhältnissen diesen Ländern gegenüber keine Ansprüche geltend machen können (so z. B. für Hessen: hess. VGH. vom 12. 2. 1948 in: Rheinisch-pfälzisches Verwaltungsblatt 1948, S. 236). Wenn eine staatsrechtliche Kontinuierlichkeit angenommen werden kann, wie z. B. bei den süddeutschen Ländern, hat eine Sonderregelung stattgefunden. I. ü. ist gerade für dieses Sachgebiet auf den interimistischen Charakter aller während einer Okkupationflzeit durch die Besatzungsmacht oder die von ihr beauftragten einheimischen Behörden vorgenommenen Regelungen hinzuweisen. Die gleichen Grundsätze gelten auch für Kommunalbeamte. Der Übergang von einem zum anderen Dienstherrn muß eine individuelle Regelung jedes Verhältnisses im Gefolge haben, wenn der Beamte Rechte gegen den neuen Dienstherrn erwerben soll. Richtlinien für eine solche Regelung werden meist mit den Entnazisierungsbestimmungen gegeben, die — leider — in nahezu allen Ländern verschieden sind. Regelmäßig haben die in Kategorie IV eingereihten Personen keinen Rechtsanspruch auf Wiedereinstellung. Manchmal erhalten sie nach Erreichung einer bestimmten Altersstufe eine Versorgung. In die Kategorie V eingereihte Beamte haben einen Rechtsanspruch auf Wiedereinstellung, wobei jedoch die Frage nach der Art der Stelle völlig verschieden beantwortet wird. Manche Regelungen gewähren einen Anspruch auf die im Augenblick des Zusammenbruchs innegehaltene Stelle (Süddeutschland). Andere stellen auf die am 31. 1. 1933 innegehaltene Stelle ab (Nordrhein-Westfalen).

Nach der Person des Dienstverpflichteten sind zu unterscheiden berufsmäßige und nicht berufsmäßige Beamte.

Hinsichtlich der Intensität der Tätigkeit ist zu unterscheiden zwischen hauptberuflichen oder nebenberuflich tätigen Beamten. Beide können Wahlbeamte sein. Bei den hauptberuflichen Beamten unterscheiden die bisherigen Regelungen oft Beamte auf Lebenszeit, auf Zeit oder auf Widerruf. Beamter auf Lebenszeit ist nur derjenige, bei dem dies besonders festgelegt ist. Das bizonale Beamtengesetz gibt für seinen Bereich eine genaue Abgrenzung zwischen den drei ihm bekannten Beamtengruppen: Beamte auf Lebenszeit sind die Inhaber von Dauerstellen, die für dauernde eine volle Arbeitskraft beanspruchende Aufgaben in einem bestimmtenn Verfahren geschaffen worden sind. Eine der Voraussetzungen für die Erlangung einer Dauerstelle ist eine einjährige Tätigkeit auf Probe. Während dieser Zeit befindet sich der Beamte in einem Beamtenverhältnis auf Probe (§§ 20, 21). Es sind aber auch Geschäftsandrangsstellen möglich, die weit über ein Jahr hinaus mit Beamten auf Kündigung besetzt werden können (§ 21 Abs. 2).

6. Pflichten der Beamten.

Die Pflichten der Beamten sind im Gesetz und in Dienstbefehlen näher bezeichnet. Verlangt wird ein Eintreten für die jeweilige Staatsform, Wahrung des Dienstgeheimnisses, Anwesenheit im Amt, achtungswürdigs Verhalten, insgesamt voller Einsatz der Persönlichkeit für den Dienst. Meist besteht ein Streikverbot.

7. Rechte der Beamten.

Die Rechte der Beamten gegen den Dienstherrn sind subjektiv-öffentliche Rechte. Die ihnen nach verschiedenen verfassungsmäßigen Bestimmungen zukommenden wohlerworbenen Rechte haben die gleiche Qualität.

Es sind zu unterscheiden positive Ansprüche, Freiheiten und Mitwirkungsrechte.

Die Ansprüche sind im wesentlichen auf das Entgelt für die geleistete Tätigkeit gerichtet (Grundgehalt, Wohnungsgeldzuschuß, Kinderzulage, Frauenbeihilfe, Teuerungszulage, Trennungsentschädigung, Tagegelder usw.). Ferner ist zu nennen der Anspruch auf Führung der Amtsbezeichnung und das Recht auf Einsicht in die Personalnachweise (Art. 129 Abs. III Satz 2 u. 3 WRV).

Zu den Freiheiten gehört die meist besonders gewährleistete Vereinigungsfreiheit (Art. 130 Abs. 2 WRV), sowie die Freiheit der politischen Gesinnung (Art. 130 Abs. 1 WRV). Nach manchen Regelungen, so z. B. in der britischen Zone, können Beamte den Gewerkschaften beitreten. Immer von Bedeutung sein wird die Frage, ob ein Beamter sich zu einer politischen Partei bekennen kann, deren Ziel der gewaltsame Umsturz der bestehenden Staatsordnung ist (pr.OVG 77, 495). Eine dienstliche und außerdienstliche Förderung dieser Ziele durch positive Handlungen wird als mit den Pflichten eines Beamten nicht vereinbar angesetzten (pr.OVG 78, 445). Als Freiheit von den übrigen Rechtsgenüssen auferlegten Bindungen ist ferner die bevorzugte privatrechtliche Haftung des Beamten verletzten Staatsbürgern gegenüber anzusehen (RGZ. 74, 252).

Eine Haftung tritt bei pflichtwidrigem Handeln des Beamten ein, aber nur unter erschwerenden Voraussetzungen (§ 839 BGB.): Es muß eine Amtspflicht verletzt sein, keine bloße Dienstanweisung. Es muß Vorsatz oder Fahrlässigkeit des Beamten nachgewiesen werden, wobei im Falle der Fahrlässigkeit besonders dargetan werden muß, daß und weshalb der Geschädigte nicht auf andere Weise Ersatz finden konnte (§ 839 Abs 1 BGB.). Sämtliche Rechtsbehelfe, einschließlich aller im Verwaltungsstreitverfahren möglichen Klagen, müssen erfolglos eingelegt worden sein, ehe die Haftung geltend gemacht werden kann (§ 839 Abs .3 BGB.).

Liegt ein Fall der Haftung vor, so haftet nach außen entweder der Beamte selbst oder der Staat oder die öffentlich-rechtliche Körperschaft, in deren Diensten der Beamte steht. Der Beamte selbst haftet nur dann, wenn die Haftung durch Verletzung privatrechtlicher Vertragspflichten eintritt, die als Grenze der Verwaltung des Amts gesetzt sind. Das sind insbesondere die Fälle der Haftung des Fiskus nach §§.31, 89 BGB. und hierbei besonders die Fälle vorsätzlichen Handelns (§ 839 Abs. 1 Satz 2 BGB.). Hat jedoch der Beamte den Schaden bei der Ausübung von Hoheitsrechten verursacht, so haftet nach außen nicht er,sondern der Staat oder die öffentlich-rechtliche Körperschaft, in deren Diensten er steht (Art. 131 WRV, Reichsbeamtenhaftpflichtgesetz vom 22. 5. 1910 — RGBl. S. 798 — und die entsprechenden Landesgesetze, z. B. pr. Gesetz vom 1. 8. 1909 GS. S. 691 — nun auch § 43 bizonales Beamtengesetz). Für mittelbare Reichs- oder Staatsbeamte haftet die Körperschaft, in deren Dienst der Beamte steht (Art. 131 WRV). Der Staat oder öffentlich-rechtliche Verband hat ein Rückgriffsrecht, für dessen Geltendmachung die ordentlichen Gerichte zuständig sind. Es ist meist beschränkt auf die Fälle der vorsätzlichen oder grobfahrlässigen Amtspflichtsverletzung (z. B. § 44 biz.BG).

8. Wartestand.

Wird eine Behörde aufgelöst, im Aufbau wesentlich verändert oder mit anderen verschmolzen und werden hierdurch Beamte überzählig, so können sie nach verschiedenen Regelungen in den Wartestand versetzt werden. Diese Personen bleiben Beamte und führen zu ihrer bisherigen Dienstbezeichnung die Worte „zur Dienstverwendung" (z. D.). Während des Wartestandes erhält der Beamte Wartegeld, das geringer als das Gehalt ist. Er ist zur Übernahme eines seiner ehemaligen Tätigkeit entsprechenden Amtes verpflichtet (§ 55 biz.BG.).

9. Beendigung des Beamtenverhältnisses.

a) Ausscheiden.

Es erfolgt durch den Verlust der Staatsangehörigkeit, Verlegung des Wohnsitzes ins Ausland, durch eine das Ende des Beamtenverhältnisses aussprechende gerichtliche Verurteilung.

Durch das Ausscheiden verliert der Beamte alle Ansprüche auf Dienstbezüge und Versorgung, auf Amtsbezeichnung und Titel und auf das Tragen einer Uniform.

b) Entlassung.

Sie erfolgt bei Eidesverweigerung, der Weigerung eines auf Zeit bestellten Beamten, nach Zeitablauf dem Wunsch des Dienstherrn entsprechend das Amt weiter zu führen, auf Antrag des Beamten selbst. Wo Ausnahmebestimmungen gegen weibliche Beamte nicht bestehen, führt die Verheiratung einer solchen nicht zur Entlassung.

Nach der Entlassung hat der Beamte keinen Anspruch auf Dienstbezüge und Versorgung. Nicht immer verliert er das Recht auf Amtsbezeichnung und die im Zusammenhang mit dem Amt verliehenen Titel.

c) Eintritt in den Ruhestand.

Im allgemeinen werden Beamte auf Widerruf und Wartestandsbeamte genau so behandelt wie Beamte auf Lebenszeit. Der Beamte tritt bei Erreichung eines bestimmten Lebensalters, meist 65 Jahre, automatisch in den Ruhestand oder dies kann bei Vorliegen bestimmter Voraussetzungen schon früher auf seinen Antrag hin geschehen (§§ 57 ff biz.BG.).

Eine der wichtigsten Folgen der Versetzung in den Ruhestand

ist die Versorgung. Der Beamte verliert seinen Anspruch auf Amt und Beschäftigung, wo sie bestanden. Er darf seinen bisherigen Titel oder seine Amtsbezeichnung weiterführen mit dem Zusatz „außer Dienst" (a. D.).

10. Versorgung.

W a r t e g e l d und R u h e g e h a l t für den Beamten selbst werden i. a. nach den ruhegehaltsfähigen Dienstbezügen und der ruhegehaltsfähigen Dienstzeit berechnet, die beide gesetzlich festgelegt sind.

Die Witwe des Beamten und seine Kinder bis zu einem ebenfalls gesetzlich festgelegten Alter erhalten H i n t e r b l i e b e n e n - v e r s o r g u n g.

11. Gegenwärtige Rechtsgrundlagen.

Die durch das Deutsche Beamtengesetz von 1937 geschaffenen reichseinheitlichen Grundlagen bestehen nicht mehr. Das Gesetz gilt vorübergehend noch — mit der durch Kontrollratsgesetz Nr. 1 verlangten Einschränkung — überall dort, wo keine zusammenfassenden Neuregelungen stattgefunden haben, so vor allem in der britischen und einem Teil der französischen Zone. Die Länder der amerikanischen Zone haben Ende 1946 selbständige Beamtengesetze erlassen. In der Bizone gilt nunmehr für die Beamtengruppen, die in etwa den ehemaligen Reichsbeamten entsprechen, ein von der Militärregierung erlassenes am 15. 3. 1949 in Kraft gesetztes Gesetz. Ein deutscher Entwurf, zuletzt vom 4. 11. 1948 ist vom Wirtschaftsrat nicht verabschiedet worden.

12. Beabsichtigte Neuregelung.

Es wird danach gestrebt, wiederum eine reichseinheitliche Regelung vorzunehmen. Eine der am meisten diskutierten Fragen betrifft die Beibehaltung der Beamtenstellung überhaupt. Unter Verweisung auf ausländische Beispiele wird die Abschaffung des Beamtentums verlangt und seine Ersetzung durch im freien Arbeitsverhältnis arbeitende Personen. In dieser Richtung ging die Entwicklung in der russischen Zone. Es gibt sodann Kreise, die eine Beibehaltung des bisherigen Zustandes mit der mehr oder weniger scharfen Trennung des Beamten von der übrigen Bevölkerung beibehalten wollen. Ein Berufsbeamtentum in diesem Sinn hat sich nicht zum Wohl des Volkes ausgewirkt, wie die Lehren der Vergangenheit zeigen. Unerquicklich ist auch die Vielfältigkeit öffentlich-rechtlicher Dienstverhältnisse. Dadurch treten zu dem Unterschied zwischen Staatsbürger und Beamten im weitesten Sinn noch unerfreuliche Unterschiede zwischen den einzelnen Kategorien der Beamten hinzu. Wenn das Berufsbeamtentum beibehalten wird, empfiehlt sich eine Vereinfachung der Formen und eine Beschränkung auf Personen, die schon längere Zeit in Behördendiensten stehen.

13. Dienststrafrecht.

Die ehemals landesrechtlich geordneten verschiedenen gesetzlichen Grundlagen über das Dienststrafrecht wurden zusammengefaßt durch die Reichsdienststrafordnung vom 26. 1. 1937 (RDStO). Wie das Deutsche Beamtengesetz, mit dem zusammen sie erlassen wurde, verlor auch die RDStO mit dem Zusammenbruch ihre Gültigkeit. An ihre Stelle treten Zonen- und Länderbestimmungen, wie z. B. brit.VO. Nr. 154 (Dienststrafverfahren). Bei den neuen Regelungen zeigt sich das Bestreben, sich möglichst an die Ordnung der Vergangenheit, soweit sie das Ergebnis organischer Entwicklung ist, anzuschließen. Das endgültige Schicksal des Dienststrafrechts ist abhängig von der endgültigen Gestaltung der Rechtslage der Beamten. Wenn die Einrichtung des Berufsbeamtentums überhaupt entfällt, wird auch ein besonderes Diszi, plinarrecht für im öffentlichen Dienst befindliche Personen überflüssig.

Zu unterscheiden ist materielles und formelles Dienststrafrecht. Das erstere befaßt sich mit den Dienstvergehen und die für sie bestimmten Dienststrafen. Es muß angeben, welche Handlungen eines Beamten als Dienstvergehen zu werten sind und welche Strafen sie zur Folge haben. Es entspricht in etwa dem materiellen Strafrecht. Das formelle Dienststrafrecht behandelt das Verfahren. I. a. unterscheidet man dabei ein Verfahren für leichtere Verfehlungen, zu dessen Erledigung meist die Dienstvorgesetzten zuständig sind, und ein förmliches Dienststrafverfahren für schwerere Verstöße. Zu seiner Erledigung sind besondere Gerichtshöfe eingesetzt.

Das Dienststrafrecht ist kein Zweig des allgemeinen Strafrechts, sondern von ihm geschieden. Es bezweckt neben der Bestrafung die Säuberung und die Erhaltung der Leistungsfähigkeit des Beamtentums. Es dient aber auch dem Schutz des Beamten selbst (pr.OVG. 98, 261).

Für das Verfahren gilt das Opportunitätsprinzip. Das Verfahren ist von Verfahren vor anderen Behörden, auch Gerichten unabhängig. Besondere Regeln haben sich für die Behandlung des gleichen Tatbestandes in einem strafgerichtlichen und einem Disziplinarverfahren herausgebildet. Hier hat das Strafgericht den Vorrang. Selbst dann, wenn erst im Laufe eines Disziplinarverfahrens ein strafgerichtliches Verfahren wegen des gleichen Vorganges eröffnet wird, muß das Disziplinarverfahren bis zur rechtskräftigen Erledigung des Strafverfahrens ausgesetzt werden. Unabhängig von dem Ausgang des Strafverfahrens kann sodann das Disziplinarverfahren durchgeführt werden. Auch bei Freispruch im Strafverfahren können disziplinwidrige Handlungen vorliegen. Die Frage, ob der Disziplinarrichter an die Feststellungen des Strafrichters gebunden ist, wird nicht einheitlich beantwortet. Da beide Verfahren verschiedene Zwecke verfolgen, ist es wohl richtig, sie zu verneinen.

Das Verfahren beginnt meist mit der Vorermittlung durch den Dienstvorgesetzten. Rechtfertigen sie die Annahme, daß nur eine geringe Strafe zu erwarten ist, so geben die Gesetze dem Vorgesetzten die Möglichkeit, die Strafe selbst zu verhängen. Ergeben die Vorermittlungen, daß eine höhere Strafe zu erwarten ist, so beginnt das formelle Verfahren mit seiner Einleitung. Hierfür sind Einleitungsbehörden, meist diejenigen, die die Ernennung des Beamten vornehmen, zuständig. Die Einleitungsbehörde kann einen Untersuchungsführer bestellen, wenn sie weitere Ermittlungen für erforderlich hält. Nach Prüfung stellt die Einleitungsbehörde entweder das Verfahren ein oder sie verfaßt eine Anschuldigungsschrift und leitet die Sache an das zuständige Disziplinargericht. Disziplinargerichte waren bisher häufig besondere Kammern oder Abteilungen der mittleren und oberen Verwaltungsgerichte. Das Gericht führt das Verfahren in einer Hauptverhandlung durch. Wenn es nicht zu einem Freispruch kommt, verhängt es eine Dienststrafe.

Dienststrafen sind:

Warnung, das ist die Mißbilligung eines bestimmten Verhaltens des Beamten mit der Aufforderung, dies künftig zu vermeiden.

Verweis, das ist der Tadel eines bestimmten Verhaltens des Beamten,

Geldbuße, das ist die Zahlung einer Geldsumme, die meist die einmonatlichen Dienstbezüge eines Beamten nicht übersteigen darf,

Gehaltskürzung, das ist die bruchteilmäßige Verminderung der jeweiligen Dienstbezüge um einen bestimmten Prozentsatz für eine bestimmte Zeit,

Entfernung aus dem Dienst, die auch den Verlust der Ansprüche auf Dienstbezüge und Versorgung, sowie die Befugnis, die Amtsbezeichnung und die im Zusammenhang mit dem Amt verliehene Titel zu führen und das Verbot des Tragens der Uniform in sich schließt.

Die ersten vier Möglichkeiten werden unter der Sammelbezeichnung Ordnungsstrafen zusammengefaßt. Als Vorstufe der Dienstentlassung kennen manche Regelungen noch die Strafversetzung, wobei es Verbindungen mit anderen Strafen, etwa Gehaltskürzungen gibt.

19. Kapitel.

Fürsorgerecht

1. Begriff und Aufgaben.

Wer sich nicht selbst unterhalten kann, wird von der Allgemeinheit unterhalten. Die Fürsorge hat die Aufgabe, Hilfsbedürftigen den notwendigen Lebensunterhalt zu gewähren. Sie ist zu unterscheiden von der Sozialversicherung (z. B. Krankenversicherung, Unfallversicherung, Invalidenversicherung gemäß RVO, Angestelltenversicherung gemäß AVG i. d. F. vom 28. 5. 1924 — RGBl. I S. 562, Knappschaftsversicherung gemäß Reichsknappschaftsgesetz vom 1. 7. 1926 — RGBl. I S. 369 — und Arbeitslosenversicherung gemäß AVAVG i. d. F. vom 12. 10. 1929 — RGBl. I S. 162). Nur der Sozialversicherte, nicht der Hilfsbedürftige ohne eine solche Versicherung hat einen Rechtsanspruch auf Unterstützung.

Fürsorgeaufgaben sind: die Armenfürsorge, die Fürsorge für Rentenempfänger der Invaliden- und Angestelltenversicherung, soweit sie nicht den Versicherungsträgern obliegt, die Fürsorge für Kleinrentner und die ihnen Gleichstehenden, die Fürsorge für

Schwerbeschädigte und Schwererwerbsbeschränkte durch Arbeitsbeschaffung, die Fürsorge für hilfsbedürftige Minderjährige, die Wochenfürsorge. Hinzutritt die Fürsorge für Kriegsbeschädigte (aus dem ersten Weltkrieg) und für Kriegsversehrte (aus dem zweiten Weltkrieg) und die Kriegshinterbliebenen, sowie für Flüchtlinge und — nach manchen Regelungen — für die Opfer des Faschismus.

2. Gesetzliche Grundlagen.

Rechtsgrundlage ist die noch heute in Kraft befindliche auf Grund des Ermächtigungsgesetzes vom 8.12.1923 — RGBl. I S. 1179 — ergangene Verordnung über die Fürsorgepflicht vom 13.2.1924 — RGBl. I S. 100 —, die späterhin in einigen Punkten unwesentlich abgeändert wurde.

Auf dem Gebiet der allgemeinen Fürsorge wird sie ergänzt durch die Reichsgrundsätze über Voraussetzung, Art und Maß der öffentlichen Fürsorge vom 1. 8. 1931 — RGBl. I S. 439 —; für die Kleinrentner durch das Gesetz über Kleinrentnerhilfe vom 5. 7. 1934 — RGBl. I S. 133 — mit einigen Nebenbestimmungen —; für Schwerbeschädigte durch das Gesetz über die Beschäftigung Schwerbeschädigter i. d. F. vom 12. 1. 1923 — RGBl. I S. 57 — mit Ergänzungen —; für Minderjährige durch einige Bestimmungen des Reichsgesetzes für Jugendwohlfahrt vom 9. 7. 1922 — RGBl. 633 — mit Ergänzungen. Hinzutreten eingehende Bestimmungen über Kriegsbeschädigte und Kriegsversehrte sowie die Kriegshinterbliebenen. Die Flüchtlingsfürsorge, nach dem ersten Weltkrieg von untergeordneter Bedeutung, ist nunmehr eine bedeutende Belastung und durch eingehende Landesgesetze geregelt.

Die meisten Sonderbestimmungen sind auf Anweisung der Militärregierung außer Kraft gesetzt, denn eine Aufteilung der Hilfsbedürftigen in verschiedene Gruppen zum Zwecke der Bevorzugung oder Besserstellung bei der Bemessung der Fürsorgeleistung ist nicht mehr möglich. Das gilt allgemein sowohl gegenüber den nach der Fürsorgepflichtverordnung und den Reichsgrundsätzen oder Sondervorschriften bisher herausgestellten Gruppen, als auch gegenüber dem Kreis von Hilfsbedürftigen, die im Rahmen der Kriegsfolgenfürsorge zu betreuen sind. Für alle Hilfsbedürftigen sind dieselben Richtlinien und dieselben Richtsätze zur Anwendung zu bringen. Dadurch beschränken sich die gesetzlichen Grundlagen auf die Fürsorgepflichtverordnung und die Reichsgrundsätze, die dann durch für die Länder jeweils verschiedene Bestimmungen ergänzt werden.

3. Träger der Fürsorgepflicht.

Träger der Fürsorgepflicht sind die Bezirksfürsorgeverbände und die Landesfürsorgeverbände. Die Fürsorge ist abhängig von den zur Verfügung stehenden Mitteln. Die Verteilung der Lasten ist daher von der größten Bedeutung. Bezirksfürsorgeverband sind die Stadt- und Landkreise. Die Landesfürsorgeverbände bestanden früher auf der Ebene der Provinzen. Sie sind nach 1945 in den meisten Ländern entsprechend der Größe des Landes neu zusammengesetzt worden (§ 2 FPflVO). Die Fürsorgeverbände sind Körperschaften des öffentlichen Rechts. Das Land kann bestimmten Zwecken dienenden Teilen ihres Vermögens gesonderte Rechtsfähigkeit verleihen (§ 4). Die freie Wohlfahrtspflege kann in der Weise in die Fürsorge einbezogen werden, daß das Land oder ein Fürsorgeverband ihnen bestimmte Aufgaben überträgt. Die Bezirksfürsorgeverbände erledigen die normale Armenpflege, die Landesfürsorgeverbände die außerordentliche Armenpflege (Geisteskranke, Taubstumme, Sieche, Krüppel, Blinde usw.). Die Fürsorge ist Selbstverwaltungsangelegenheit. Jedoch hat das Land darüber zu wachen, daß die Verbände leistungsfähig sind, gegebenenfalls durch Zuschüsse.

4. Fürsorgepflicht.

Maßgeblich für die Unterstützung ist der gewöhnliche Aufenthalt des Hilfsbedürftigen. Diese Regelung steht im Widerspruch zu älteren Regelungen, die als Anknüpfungspunkt den Heimatort, meist gleichbedeutend mit Geburtsort, oder den Unterstützungswohnsitz in Deutschland, das ist die Gemeinde mindestens einjährigen ununterbrochenen Aufenthaltes, kannten.

Eine möglichst gleichmäßige Verteilung der Hilfsbedürftigen auf das gesamte Staatsgebiet wird durch die öffentliche Pflichtenverschiebung unter den Fürsorgeverbänden erreicht. Sie tritt nur im Verhältnis der Fürsorgeverbände zueinander ein. Wenn der Hilfsbedürftige auch kein subjektives Recht auf Fürsorge hat, so geben die verschiedenen landesrechtlichen Regelungen ihm jedoch ein Antragsrecht, das in einem besonderen

Verfahren verfolgt werden kann (brit. Zone z. B. Beschlußverfahren brit. VO. Nr. 141 in Verbindung mit § 20 pr. AVO vom 30. 5. 1932 — GS. S. 207 —)

Tritt ein Fall der Hilfsbedürftigkeit ein, so hat der Bezirksfürsorgeverband, in dessen Bezirk sich der Hilfsbedürftige befindet, die vorläufige Fürsorgepflicht (§ 7 Abs. 1). Kommt der Verband seiner Pflicht nicht nach, so kann er durch die Staatsaufsichtsbehörde dazu angehalten werden. Außerdem wird er jedem anderen Verband, der an seiner Stelle handelt und dadurch Auslagen hat, ersatzpflichtig. Die Fälle glatten Versagens einer Unterstützung sind selten. Häufig sind die Versuche, einen Hilfsbedürftigen in das Gebiet eines anderen Verbandes abzuschieben. Kommt dieser so in das Gebiet eines anderen Verbandes, so muß dieser, falls die Hilfsbedürftigkeit fortbesteht, seinerseits Hilfe leisten. Der Grundgedanke dieser Regelung ist der, daß durch Zuständigkeitsdifferenzen nicht der Hilfsbedürftige leiden soll. Die beteiligten Fürsorgeverbände können sich späterhin auseinandersetzen (§ 17 FPflVO).

Das ist erst möglich, wenn der zur endgültigen Fürsorgepflicht zuständige Verband festgestellt ist. Sie obliegt demjenigen Verband, in dessen Bezirk der Hilfsbedürftige seinen gewöhnlichen Aufenthalt hat. Dieser Verband hat allen Verbänden, die dem Hilfsbedürftigen eine vorläufige Unterstützung gewährt haben, die Auslagen zurückzuerstatten. Unterstützung ist die Beihilfe, die jemandem für sich oder seine Familienangehörigen zur Erhaltung von Leben und Gesundheit kraft einer gesetzlich angeordneten Fürsorgepflicht von den Organen der Fürsorge gewährt wird. Für die Art und Weise des Ausgleichs und für seine technische Durchführung sind eingehende gesetzliche Bestimmungen vorhanden.

5. Art und Maß der Unterstützung.

Die öffentliche Fürsorge unterstützt nur solche Personen, die nicht mehr für den Arbeitseinsatz in Frage kommen. Solange die Unterstützten noch leichte Arbeit verrichten können oder ihre Beschäftigung aus arbeitserzieherischen Gründen erwünscht ist, kann die Unterstützung durch Anweisung angemessener Arbeit gemeinnütziger Art gewährt oder von der Leistung solcher Arbeit abhängig gemacht werden (§ 19 FPflVO). Um eine gleichmäßige Behandlung sämtlicher Hilfsbedürftiger zu gewährleisten, erlassen die Länder Richtsätze (z. B. Richtlinien und Richtsätze der öffentlichen Fürsorge des Sozialministers Nordrhein-Westfalen vom 1. 5. 1947 III A 1/6 II c). Bei Arbeitsscheu oder unwirtschaftlichem Verhalten können die Richtsätze gekürzt werden. Das gleiche ist der Fall, wenn Grund zu der Annahme vorliegt, daß der Hilfsbedürftige über Einkünfte verfügt, die im einzelnen nicht feststellbar sind.

Die gleichmäßige Behandlung sämtlicher Hilfsbedürftiger widerspricht der bisherigen deutschen Regelung. Wenigstens die Kriegshinterbliebenen, Kriegsversehrten, Kriegsverletzten und Kleinrentner sollten nach besonderen Gesichtspunkten behandelt werden, weil der Grund ihrer Hilfsbedürftigkeit ein anderer ist als bei sonstigen Hilfsbedürftigen.

6. Erstattung und Ausgleich.

In erster Linie ist der Unterstützte selbst verpflichtet, dem Fürsorgeverband die aufgewendeten Kosten zu ersetzen (§ 25 FPflVO). Erfahrungsgemäß geschieht das jedoch selten.

Der Fürsorgeverband, der den Hilfsbedürftigen unterstützt hat, kann die diesem zur Zeit der Unterstützung zustehenden Rechtsansprüche gegen Dritte auf Leistungen zur Deckung des Lebensbedarfs geltend machen. Darunter zu verstehen sind gesetzliche und vertragliche Unterhaltsansprüche einschließlich der Ansprüche gegen Sozialversicherungsträger (§ 21a). Unbeschadet dieser Ansprüche kann der Fürsorgeverband in dem gleichen Umfang wie von dem Unterstützten selbst Ersatz auch von dessen Ehegatten oder, wenn es sich bei den Unterstützten um Kinder unter 18 Jahre handelt, von den Eltern der Kinder verlangen (§ 25a, sog. resolutorische Verpflichtung).

Die Geltendmachung dieser Ansprüche erfolgt im ordentlichen Rechtsweg, sofern die Länder nicht den Verwaltungsrechtsweg vorschreiben. Ausnahmen machen die Landesrechte nur hinsichtlich des Verfahrens gegen die unterhaltspflichtigen Ehegatten und Eltern, einschließlich des unehelichen Vaters, das z. B. nach §§ 20,30 pr. Ausführungsvo. vom 30. 5. 1932 im Beschlußverfahren zu erledigen ist. In dieser Weise wird dort, wo dieses Verfahren wieder besteht, z. B. in der britischen Zone, verfahren.

Diese Regelung zeigt, daß auch das Vorhandensein von Unterhaltsansprüchen (§§ 1360 ff, 1578 ff, 1601 ff, 1708 ff BGB, Vertrag und Versicherung) die Verpflichtung des Fürsorgeverbandes zur Unterstützung nicht ausschließt.

Ist von dritter Seite kein Ersatz zu erhalten, so haben die beteiligten Fürsorgeverbände untereinander die Lasten zu verteilen. Zur Zeit findet ein solcher Ausgleich nur zwischen Fürsorgeverbänden der gleichen Zone statt. Die Verfahrensform der ersten Instanz ist seit jeher landesrechtlich verschieden geregelt. Meist waren die mittleren Verwaltungsgerichte für die Erledigung von Streitigkeiten zuständig (§ 37 Reichsgesetz über den Unterstützungswohnsitz i. d. F. vom 30. 5. 1908 — RGBl. S. 381), gegen deren Entscheidung das den Landesgesetzen entsprechende Rechtsmittel an das höchste Landesverwaltungsgericht gegeben war. Soweit die Organisation der einzelnen Fürsorgeverbände Gegenstand des Streites war, bewendete es bei dieser Entscheidung. Im übrigen war gegen sie noch die Berufung an das Bundesamt für Heimatwesen möglich (§§ 41 ff l.c. auch über Zuständigkeit und Organisation des Bundesamtes). Eine derartige Zentralinstanz fehlt heute. Möglich ist ein Verwaltungsstreitverfahren durch zwei Instanzen. Seine Grundlage ist auch dort, wo Sondervorschriften fehlen, die Allgemeinklausel.

7. Flüchtlingsfürsorge.

Selbständig neben der allgemeinen Fürsorge steht die Flüchtlingsfürsorge. Wenn auch den bisherigen Bestimmungen die Fürsorge für „Deutsche, staatlose ehemalige Deutsche oder staatlose Personen deutscher Abkunft beim freiwilligen oder erzwungenen Übertritt aus dem Ausland“ (§ 12 FPflVO; vgl. ferner Bekanntmachung vom 18. 5. 1918 — RGBl. S. 409 —, VO. vom 17. 12. 1923 — RGBl. I S. 1202 —) nicht unbekannt war, so hatte dieser Gegenstand doch niemals die Bedeutung, die ihm heute zukommt.

Versuche einer landesrechtlichen Regelung sind in fast allen Ländern, die Flüchtlinge aufgenommen haben, gemacht worden (z. B. schlesw.-holst. Gesetz zur Behebung der Flüchtlingsnot vom 27. 11. 1947 — GVBl. 1948 S. 1 —, nieders. Gesetz über Flüchtlingsbetreuung vom 11. 6. 1947 — GVBl. S. 65). Gemeinsam ist allen Vorschriften, daß sie bei der Flüchtlingsbetreuung von einem nur vorübergehenden Zustand ausgehen. Es wird erwartet, daß sich die Flüchtlinge alsbald assimilieren, so daß entweden öffentliche Fürsorgemaßnahmen entbehrlich werden oder die Anwendung der allgemeinen Bestimmungen ausreicht. Das Flüchtlingswesen wird überall als Landessache angesehen. Den Kommunalverbänden obliegt Aufnahme und Betreuung der Flüchtlinge, die Zuweisung von Wohnraum, wobei ausnahmsweise ein vereinfachtes Zuweisungsverfahren Anwendung finden kann (z. B. nordrhein.-westf. VO. über die Einschränkung von Rechtsmitteln zur Vermeidung von Notständen bei der Unterbringung von Flüchtlingen vom 27.9.1948 — GVBl. S. 257 —) und die Versorgung mit Wirtschaftsgütern. Auf den verschiedenen Stufen der Verwaltung werden Flüchtlingsämter mit beratenden Flüchtlingsräten oder -ausschüssen gebildet.

Sachregister

(Die Ziffern bedeuten die Seiten.)

Moderne Lehrbücher des Verwaltungsrechts.

F l e i n e r, Fritz, Institutionen des Deutschen Verwaltungsrechts. Tübingen 1928, 8. Aufl. (Die klassische Darstellung des rechtsstaatlichen deutschen Verwaltungsrechts in komprimierter und übersichtlicher Form. Konzentrierung auf die allgemeinen Lehren.) 421 Seiten.

G i e s e, Friedrich, Allgemeines Verwaltungsrecht, Tübingen 1948 (Kleiner Vorlesungsgrundriß, der insb. die Verhältnisse in Westdeutschland schildert.) 140 Seiten.

G i e s e, Friedrich-Neuwiem, Erhard — Cahn, Deutsches Verwaltungsrecht. Berlin-Wien 1930, 470 Seiten. (Vorwiegend die Praxis der Verwaltungsgerichte berücksichtigende zuverlässige Darstellung.)

H a t s c h e k, Julius, Lehrbuch des deutschen und preußischen Verwaltungsrechts. Leipzig 1931, 7. und 8. Aufl., herausgegeben von Paul Kurtzig. (Umfangreiches Werk, das insb. die preußische Praxis berücksichtigt. Viele Einzelheiten über einzelne Rechtszweige mit Beispielen.) 536 Seiten.

H e r r n r i t t, Rudolf Herrmann, Österreichisches Verwaltungsrecht. Tübingen 1925, 348 Seiten (Ein viel benutztes und oft zitiertes Werk.)

J e l l i n e k, Walter, Verwaltungsrecht. Berlin 1931, 3. Aufl. Neudruck 1948. (Sehr eingehende Berücksichtigung der Literatur und vor allem der Gerichtspraxis. Gibt auch Auskunft in Spezialfragen. Sowohl Studienbuch als auch Nachschlagewerk.) 580 Seiten.

J e r u s a l e m, Franz W., Grundriß des Verwaltungsrechts. Frankfurt a. M. 1948 (102 Seiten).

K ö h l e r, Ludwig von, Grundlehren des Deutschen Verwaltungsrechts. Stuttgart-Berlin 1935 (Niederschlag der sehr fortschrittlichen Entwicklung in Württemberg.) 398 Seiten.

K o e l l r e u t t e r, Otto, Der Aufbau des deutschen Führerstaates. In: Die Verwaltungsakademie, Bd. 1, Gruppe 2, Beitrag 19 (Schilderung der Verwaltungsgrundsätze der national-sozialistischen Herrschaft.)

K ö t t g e n, Arnold, Deutsche Verwaltung. Mannheim, Berlin, Leipzig 1942, 3. Aufl. (Darstellung der Verwaltung und Verwaltungsmethoden der national-sozialistischen Herrschaft.)

M a y e r, Otto, Deutsches Verwaltungsrecht. München und Leipzig 1924, 3. Aufl. (Für die Entwicklung des deutschen Verwaltungsrechts sehr wichtiges Werk, welches zum Vergleich mit deutschen Regelungen häufig Aufbau und Arbeit westeuropäischer Verwaltungen heranzieht.) 2 Bände, 398 und 400 Seiten.

M e r k l, Adolf, Allgemeines Verwaltungsrecht. Wien-Berlin 1927, 400 Seiten. (Viele neue und interessante Gesichtspunkte.)

M e y e r, Georg,-Dochow, Franz, Lehrbuch des deutschen Verwaltungsrechts. München-Leipzig 1913—1915 (4. Aufl.) 2 Bände, 297 und 310 Seiten. (Klassische Darstellung des positiven Verwaltungsrechts der Monarchie.)

N e b i n g e r, Robert, Verwaltungsrecht. Allgemeiner Teil. Stuttgart 1946, 296 Seiten. (Von der Praxis der württembergischen Verwaltung ausgehende Schilderung, die sich vorwiegend an Fortgeschrittene und bereits Ausgebildete wendet.)

Piloty, R. und Schneider, Fr., Grundriß des Verwaltungsrechts in Bayern und dem Deutschen Reiche. Leipzig 1930, 4. u. 5. Aufl. (Ein bekanntes Werk des bayrischen Verwaltungsrechts, welches aber auch den Einbau der Landesverwaltung in die gesamtdeutsche Verwaltung berücksichtigt.) 248 Seiten.

Turegg, Kurt Egon v., Grundriß des deutschen Verwaltungsrechts. Berlin 1949 (Schilderung der gegenwärtigen deutschen Verwaltung unter eingehender Berücksichtigung der neueren Praxis und Literatur.)

Zeitschriften:

Archiv des öffentlichen Rechts, Tübingen.

Deutsche Verwaltung. Zeitschrift für Verwaltungsrecht. Hamburg. Ab 1. 10. 1948.

Die öffentliche Verwaltung. Zeitschrift für Verwaltungsrecht und Verwaltungspolitik. Stuttgart und Hagen i. W. Seit 1948.

Einige auf einzelne Länder beschränkte Blätter, z. B. Rheinisch-pfälzisches Verwaltungsblatt, Koblenz seit 1947.